마을이 숨쉰다

전국 최초 중간지원조직의 좌충우돌 체험기

이영미 지음

마을이 숨쉰다

전국 최초 중간지원조직의
좌충우돌 체험기

이영미 지음

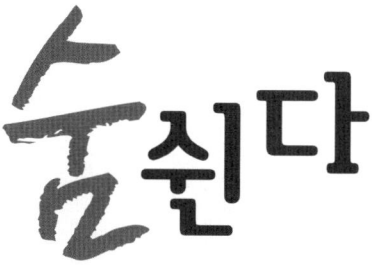

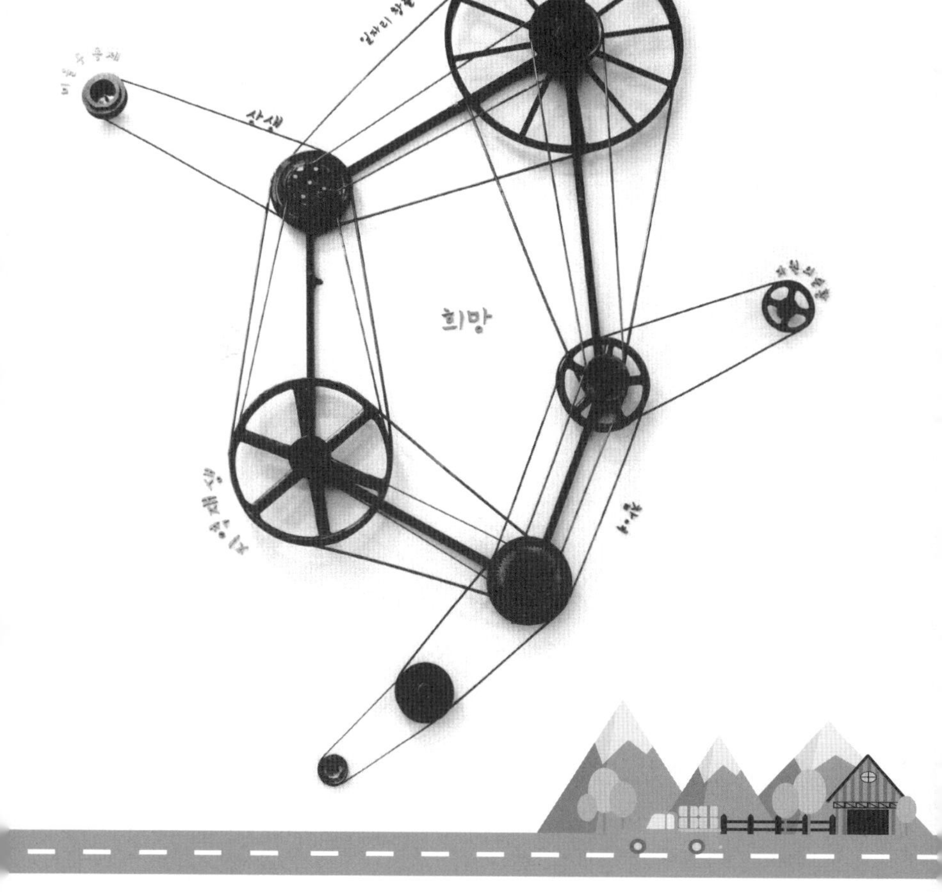

상상
Sangsang Publisher

| 추천의 말 1 |

처음 가는 사람의 길은
그대로 길이 된다

박원순
서울특별시장

처음 가는 길은 늘 어렵다. 처음 가는 사람은 시행착오 할 수밖에 없다. 용기와 열정으로 돌파해보지만, 그것만으로 안 되는 현실에 좌절하기도 한다. 그러나 그렇게 처음 가는 사람의 길은 그대로 길이 된다.

완주로 가는 길도 그런 길이었을 것이다. 그러나 저자는 가방 하나 달랑 메고 선뜻 완주로 내려갔다. 지역에 대한 애정과 새로운 미래에 대한 꿈이 있었기에 가능한 일이었을 것이다. 쉽지 않은 길이었지만, 용기와 희망을 잃지 않고 고군분투하며 잘 걸어

왔다. 함께 하는 사람들이 있었기 때문이라고 생각한다. 희망제작소와 완주군이 손을 잡고 만든 전국 최초의 중간지원조직, 완주커뮤니티비즈니스센터 이야기다.

 서울과 완주, 그 물리적인 거리보다 어쩌면 더 멀었을 그 길을 오가며 희망제작소의 많은 연구원들은 전국 최초라고 할 수 있는 중간지원조직과 커뮤니티비즈니스의 기초를 놓았다. 과연 새로운 길이라고 해야 옳을 것이다.

 완주커뮤니티비즈니스센터 사무국장으로 일하다 지금은 숟가락 공동육아의 대표로 활약하면서 지역에서 끊임없이 새로운 도전을 하고 있는 저자에게 응원을 보낸다. 저자의 개인적 경험과 성과, 그리고 한계에 머무르지 않고 그간의 시행착오와 고민을 정리한 것은 백번 천번 잘한 일이라고 칭찬하고 싶다.

 완주에서 시작된 중간지원조직의 씨앗이 전국 곳곳에 뿌려지고 있다. 중간지원조직에 대한 다양한 평가가 나오는 요즘 이 책은 귀하다. 이 책이 지역 곳곳에서 새로운 길을 모색하는 사람들에게 위로와 용기, 성찰과 희망이 되어줄 것이다.

| 추천의 말 2 |

그럴 수밖에 없었다

임경수
전주도시재생현장지원센터장

좌충우돌!

그럴 수밖에 없었다.
주민과 공무원 사이에 서 있었고 다양한 주민조직 사이에 서 있었고 도시와 농촌의 중간에 서 있어야 했다.

그럴 수밖에 없었다.
그녀는 더욱 그럴 수밖에 없었다.
스스로 일을 벌이는 센터장과 아무것도 모르는 새내기 활동가 사이에 서 있었고 초과 근무수당 없이 야근을 밥 먹듯이 하는 활동가와 늦은 나이에 아이를 얻은 초보 엄마 사이에 서 있었고 여성에 대한 편견이 있는 농촌사회 중심에 서 있어야 했다.

처음 만난 그녀는 서울에서 시민운동을 하다 온 쎈(?) 언니였다. 그러나 이제 그녀는 당당한 어머니이자 끌끌한 협동조합의 여성 CEO이며 건강한 지역주민으로 우뚝 서 있다. 그녀의 이웃으로 그녀에게 슬며시 기대본다. 우리 동네를 살기 좋은 곳으로 바꾸어주렴. 그리고 그녀의 동지로서 그녀로부터 다시 한번 확인한다.

그래!
정답은 공동체야!

| 저자의 말 |

함께, 우리, 마을, 희망, 공동체

중간지원조직으로서는 전국 최초였다. 최초라는 타이틀이 부담스럽기도 했지만 신이 나기도 했다. 그러나 최초이니만큼 시행착오의 연속이었다. 중간지원조직의 활동가인 우리들조차 스스로의 정체성을 명확히 하지 못하고 있었다. "완주커뮤니티비즈니스센터" 이름으로도 모호할 뿐이었다.

"센터 벽에 붙어있던 '상생, 함께, 주민, 공공, 희망, 공동체, 우리' 등의 단어를 보며 조용히 그 뜻에 합당한 일이 무엇인지 고민해 보곤 했지만, '주민과 함께 상생하는 우리의 희망?' 정도의 추상적인 생각에서 그칠 뿐이었다. 그 생각을 구체화시킬 수 있는 손에 잡히는 일은 좀처럼 떠오르지 않았다."

처음으로 일을 시작할 때의 심정이다. 나뿐만 아니라 이 사업을 위해 우리가 만났던 많은 사람들이 느꼈을 일이다. 어떻게 지역을 살린다는 거지? 지역을 살리는 유일한 대안이라는데 머릿속에 그려지는 그림은 없었다. 우리도 주민들도 완주커뮤니티비즈니스센터의 역할과 정체를 파악하기 어려웠다. 이해받고 신뢰받기까지는 더 많은 시간이 필요했다. 여전히 반신반의하는 중이다.

  5년 동안의 중간지원조직 경험을 뒤로하고 동네 아기 엄마로, 주민으로 살기 시작한 지 3년째다. 밖으로 나오니 그간 우리가 했던 일과 고민을 다른 시각으로 볼 수 있다. 특히 우리가 잘 몰랐다는 사실이 선명하게 보인다. 소크라테스처럼 '나는 모른다'는 사실을 깨닫게 되어 겸손해진다.

  처음에는 그때의 경험을 되묻고 곱씹는 일이 부질없고 무력하게 느껴졌지만 지금 돌아보면 그 시간이 무척 소중하다. 전국 최초라는 이름표를 달고 계속 앞으로만 돌진했던 스스로를 되돌아보는 시간이었기 때문이다. 또 소중한 우리 아이와 더 많은 시간을 같이 보냈고 공동육아 모임 '숟가락'을 통해 공동체가 고단하고도 행복한 것임을 새롭게 배웠기 때문이다.

  아직도 무엇을 어떻게 해야 하는지 모르지만 그건 아니었다는 깨달음을 글로 옮긴다. 그러면서 중간지원조직 운영과 공동체 사업을 위한 팁을 제공하려 한다. 더불어 새롭게 발견한 지역에 대한 어렴풋한 희망도 담아본다. 시골이 농촌이 겪게 될 미래는 그리 밝지 않다. 그러나 그렇게 우울하고 칙칙하지만도 않다. 지금 우리는 새로운 일 속에서 새로운 희망들을 안고 하루하루를 살아가고 있음을 보여주고 싶다.

완주살이 · 지역살이를 함께 하며 고민과 마음을 나눌 수 있는 친구이자 동지가 있다는 것은 더 없는 행운이다. 이 책을 내는 과정에서 우리는 서로에게 위안이 되었고 조금 더 깊어졌고 같이 자랐다. 이처럼 아마도 마을 일을 하는 사람이든 중간지원조직 실무자나 공무원이든 우리와 같은 마음고생을 하고 있을 이들에 대한 작은 염려가 이 책의 전부일지 모른다. 비록 그렇더라도 이 책이 같은 마음고생을 하고 있을 이들에게 위로가 된다면 좋겠다. 그들이 멈춰서 잠깐 쉬었다 가는 곳이 되길 바란다.

2017년 9월
이 영 미

차례

| 추천의 말 1 | 처음 가는 사람의 길은 그대로 길이 된다
　　　　　　　(박원순 서울특별시장) _5
| 추천의 말 2 | 그럴 수밖에 없었다
　　　　　　　(임경수 전주도시재생현장지원센터장) _7
| 저자의 말 | 함께, 우리, 마을, 희망, 공동체 _9

1장 커뮤니티비즈니스센터 설명서 _15

1 외부 전문가의 도깨비방망이 ·················· 17
2 커뮤니티비즈니스란? ···························· 22
3 중간지원조직이란? ······························ 27
4 왜 완주로, 완주에서 무엇을 ·················· 33

2장 중간지원조직 체험기 (1) : 출발과 전개 _43

1 중간에 없는 중간지원조직 ···················· 45
2 공무원과 민간인 사이 ·························· 50
3 행정기관과 중간지원조직 ······················ 55

3장 중간지원조직 체험기 (2) : 정체성 찾기 _61

1 독립과 자유 ································· 63
2 정치적 중립이라는 덫 ···························· 68
3 군수와의 핫라인 ······························· 73
4 중간지원조직의 정체성 ·························· 77

4장 마을공동체의 생명력 _83

1 마을에 떨어진 횡재, 마을사업 ······················ 85
2 노인들만 하는 사업, 마을의 미래는 ················· 90
3 마을공동체와 사업 사이 ·························· 95
4 마을공동체 사업의 속사정 ························ 99
5 민원인과 빠꼼이 사이 ··························· 103
6 마을사업 10년 후 ······························ 108

차례

5장 공모지원 사업의 안과 밖 _115

1 함께 행복하기 위한 공모지원 사업 ·················· 117
2 인간적인 심사 과정 ································· 122
3 교육 기획자의 역할 ································· 129
4 서류로 말하는 사업의 한계······················· 135
5 마을을 위한 공모지원 사업······················· 141
6 마을 사이의 연대 ································· 146

6장 새로 배우는 공동체 _151

1 숟가락 ① : 몸으로 배우는 공동체················ 153
2 숟가락 ② : 행복하려고 모였다 ·················· 159
3 숟가락 ③ : 공동체 유지 비결···················· 164
4 숟가락 ④ : 끝없는 형평성의 딜레마············· 169
5 고산향 : 지원금보다 사람, 사업보다 공론의 장   174
6 딸기축제 : 다시, 왜 공동체인가··················· 179
7 꽁냥마켓 : 시시한 만남에서 시작된다 ············ 185
8 완두콩 : 그곳에 돈이 굴러들어온다 ·············· 189

1장

커뮤니티비즈니스센터 설명서

1

외부 전문가의 도깨비방망이

"어디에서 오셨어요?"

"서울에서 왔습니다."

"아~ 네, 서울에서요."

그 대답만으로 충분했다. 귀농·귀촌인을 외지인이라며 배척한다고 들었지만, 우리를 대하는 현지의 반응은 달랐다. 서울에서 왔고, 희망제작소라는 민간 연구소 소속이었다는 사실만으로도 수긍하고 신뢰할 만하다고 여기는 듯했다. 외지인과 외부 전문가의 차이였다. 우리는 지역에 대해 뭘 모르는, 낯설고 신분이 검증되지 않은 미심쩍은 외지인이 아니었다. 지역에 필요한 뭔가 독특한 능력과 자원을 가지고 온 외부 전문가로 여겨졌다.

완주 커뮤니티비즈니스 사업은 설립 초기부터 행정 부서와 긴

밀한 관계를 맺고 여러 분야에서 다양한 지원을 할 수 있었다. 그 결과 마을공동체와 창업공동체들이 지역 내에 빠른 속도로 늘어났다. 사업 영역도 농산물 가공뿐만 아니라 교육, 복지, 문화, 주거, 에너지 등 여러 분야로 다양해졌다. 지역 공동체에 도움을 주는 사람이라고 자처하며 지역의 많은 이들을 만났고 자부심도 점점 커졌다. 전국 최초의 실험이란 점으로 주목을 받았고 이 시도를 배우려는 다른 지역의 방문을 지속적으로 받았다.

그러나 모셔온 사람으로 으스대기에는 지역의 상황을 너무 몰랐다. 게다가 새로운 영역을 개척한다는 부담이 적지 않았다. 지역민들에게 우리가 가지고 있는 놀랍고 새로운 보따리를 풀어놓기에 바빴다. 여기가 어떤 곳이며 이곳 사람들은 무엇을 하고 어떻게들 살고 있는지 지역민들의 속내를 들여다보거나 들을 여유가 없었다. 이전부터 익숙해 있던 외부자인 기획자로서의 정체성을 따라서 움직였다. '공동체는 이렇게 해야 합니다', '주민 참여는 이렇습니다' 등 머릿속에 확고하게 세워놓은 상(象)을 제시하며 주민들을 이끌기 바빴다. 완주는 '삶터'가 아닌 '현장'이었다.

완주에 내려올 때는 희망제작소에서 재기 발랄한 아이디어를 내며 국내외에서 시도했던 다양한 실험을 실현할 수 있을 것이라는 기대감이 있었다. 한 곳에서 지속적인 관계를 맺으며 지역을 바꿀 수 있을 것 같았다. 그런데 내 기대와 달리 혁신은 더디기

만 했다. '왜 변화하지 않는 것일까?', '왜 행정에만 의존하는 것일까?' 하는 의심과 회의가 들었다. 수많은 교육과 워크숍을 진행했지만, 늘 제자리걸음인 것 같았다. 지역에 대한 바람직한 상은 분명하게 있었지만, 지역민들에게 그것이 어떤 의미가 있는지 정작 당사자들에게 그 모델을 위한 변화가 얼마나 어렵고 힘든 일인지 크게 고민하지 않았던 것이다.

 사람들은 전문가가 도깨비방망이를 가지고 있을 것이라고 기대한다. 전문가들도 자신의 도깨비방망이가 효력을 발휘할 것이라고 자신한다. 그러나 어느 순간 생각처럼 만만치 않다는 것을 알게 된다. 외부인과 백지 한 장 차이인 외부 전문가의 투입이 전부가 아니다. 외부 전문가라고 자처하고 내세우기보다 지역의 생활인으로 뿌리를 내리고 지역의 문제를 공감할 수 있어야 한다. 외부 전문가의 능력과 자원은 도깨비방망이 같은 놀라운 선물이 아니다. 외부 전문가의 능력과 자원이 변화와 혁신을 위한 밑거름이 되기 위해서는 주민들이 공감하는 수준에서 한 보씩만 앞서 나가며 공감대를 형성해야 한다. 해결사로 나서기 전에 삶의 터전에 뿌리내린 주민으로 존재해야 한다.

외부 전문가의 능력과 자원은
도깨비방망이 같은 놀라운 선물이 아니다.
외부 전문가의 능력과 자원이
변화와 혁신을 위한 밑거름이 되기 위해서는
주민들이 공감하는 수준에서 한 보씩만 앞서 나가며
공감대를 형성해야 한다.

2

커뮤니티비즈니스란?

'커뮤니티비즈니스'는 지역 내의 자원을 가지고 지역의 문제를 스스로 해결하는 데 해결 방법이 유지될 수 있도록 수익모델을 연결하는 것이다. 예를 들자면 이런 일이다. 농촌으로 시집온 다문화 여성들이 집 밖으로 나가기도 힘들고 일자리를 구하기는 더 힘들다. 친정에 돈을 보내야 하는 여성들이 많은데 이로 인해 고용환경이 좋지 않은 일을 하거나 부당한 일을 겪기도 한다. 다문화 가정을 방문하던 '방문지도사' 선생님과 다문화 여성들이 기술을 함께 배우고 나서 쌀로 만든 빵을 개발해 팔기 시작했다. 지역의 문제를 스스로 해결하도록 사업 모델을 연결한 사례가 되었다. 이로써 다문화 여성들은 안정된 일자리를 얻을 수 있게 되었다. 그것이 지금의 완주를 대표하는 마을기업 '마더쿠키'의 출발이다.

이와 같은 취지로 만들어진 것들이 있다. 교육서비스가 부족하여 도시로 떠나려는 아이들이 지역에서 배우고 정착할 수 있도록 돕는 '고산향교육포럼', 마을의 이야기를 신문으로 만드는 '미디어공동체 완두콩', 농촌 지역에 소외된 장애우들의 재활치료를 위해 청년 3명이 돌아와 만든 '이랑협동조합' 등이 모두 커뮤니티비즈니스의 사례다. 한마디로 얘기하면 동네에서 살면서 문제로 느끼고 있는 것들을 같이 고민하고 해결 방법을 찾는 일이 커뮤니티비즈니스다. 커뮤니티비즈니스는 지역과 마을이라는 공간에서 공익적인 가치를 실현하는 경제조직과 활동을 말한다.

커뮤니티비즈니스는 본래 일본산이다. 한국의 경우에 2007년 민선 4기 때만 해도 많은 자치단체장들의 선거공약이 '대기업, 대자본 유치'였다. 그때는 지역의 자원, 문제에 주목해 지역 재생과 자립의 기반을 만들어 보자는 제안이 낯설었다. 그럼에도 불구하고 2007년 희망제작소는 '커뮤니티비즈니스 자치단체장 연수'를 기획한 바 있다. 여기에 참여했던 당시 완주군수는 '커뮤니티비즈니스'를 지역 혁신의 아이디어로 받아들였다. 그의 적극적인 의지로 그때부터 완주에 이 모델을 적용하고 실천할 수 있는 기반이 마련되었다고 볼 수 있다.

완주군에서는 2010년부터 커뮤니티비즈니스 사업에 씨앗자금을 지원했다. 이로써 교육, 복지, 문화, 가공, 유통 등 100여 개가 넘는 다양한 공동체가 만들어졌다. 완주군은 커뮤니티비즈니스 모델을 공동체 사업이라는 이름으로 불렀다. 완주군은 특이하게 한 마을을 거점으로 하는 마을공동체 사업과 5인 이상이 모인 창업공동체로 구분해 발굴 육성하였다. 공동체들은 지역주민들이 잘하는 것, 가지고 있는 것들에 대해 다시 의미를 부여하는 기회가 되었다. 많은 귀농, 귀촌인들이 자신의 재능을 가지고 지역 사회에 필요한 일들을 찾고 정착할 수 있게 되었다. 반면에 단순한 동업 형태로 수익 사업을 하는 것으로 오해받거나 공동체로 시작했던 사업이 사유화되는 왜곡된 모습을 보이기도 했다. 긍정적이고 부정적인 성과 속에서 완주 농촌 공동체를 살리려는 새로운 실험이 시작된 지 10년이 되었다.

완주에서는 2010년부터
커뮤니티비즈니스 사업으로
교육, 복지, 문화, 가공, 유통 등
100여 개가 넘는 다양한 공동체가 만들어졌다.
이러한 공동체들은
지역주민들이 자신들이 잘하는 것,
가지고 있는 것들에 대해
다시 의미를 부여하는 기회가 되었다.
많은 귀농, 귀촌인들이 자신의 재능을 가지고
지역 사회에 필요한 일들을 찾고 정착할 수 있게 되었다.

3

중간지원조직이란?

완주커뮤니티비즈니스센터는 중간지원조직이다. 중간지원조직이란 무엇일까? 여기서 '중간'이란 관(행정기관)과 민(민간인, 민원인)의 '사이'란 의미다. 즉, 중간지원조직은 관(官)과 민(民)을 연결하는 역할을 하기 위해 만든 조직이다. 그간 관에서 지원했던 일들을 좀 더 현장에 맞게, 여러 기관들을 연계해 더 효과적으로 지원하기 위해 만들어진 조직이다.

2010년 완주에서 시작된 중간지원조직은 2017년 비약적으로 늘었다. 서울시는 2012년 중간지원조직에 관한 거의 대부분의 조례가 만들어진 상태다. 2017년 5월 전국에 마을공동체 만들기 관련 조례를 제정한 곳은 144개 지자체[1]이고 관련 중간지원조직

---

[1] 한국마을만들기지원센터연합에 따르면 전체 144개의 마을공동체 만들기 관련 조례를 제정한 곳 중 광역지자체가 14곳이고 기초지자체가 130개라고 밝혔다.

센터 설치 조항을 명시한 곳은 104개이다. 이에 따라 마을만들기 관련 중간지원조직은 한국마을만들기지원센터연합에서 조사한 기초지자체, 광역지자체 위탁형과 직영형을 포함하여 63개가 있다. 최근 사회적 경제, 도시재생 등 다양한 주제별 중간지원조직까지 생겨나 그 수는 더 많을 것으로 예상된다.

 이는 자치 단체 내부적으로 중간지원조직의 필요성을 느꼈기 때문으로 보인다. 게다가 중간지원조직이 있는 경우 중앙 공모사업 제출 시 해당 지자체에 가점이 부여되기도 했다. 2013년부터 각종 공모사업에 중간지원조직의 유무가 가점이 된다며 완주군 내 각종 부서에서 중앙 공모사업 제안서를 가지고 완주커뮤니티비즈니스 센터를 찾아왔다. 중앙은 중앙대로 각종 공모사업을 활성화하고 지속하는 데 중간지원조직이 기여하고 있다는 점을 인지하고 있었다.

우리가 참고했던 모델은 일본의 중간지원조직이었다. 일본에서는 지역 사회의 문제를 해결하기 위한 방안으로서 시민들의 자발적인 참여를 촉진하기 위한 비영리조직을 지원하는 법이 만들어지고 이런 단체들을 발굴, 육성, 지원하고 행정기관과 기업의 연계를 도울 수 있는 NPO(None Probit Organization) 지원센터 등 중간지원조직이 늘었다. 2007년 288개 중간지원조직이 만들어졌다. 이러한 추세에 힘입어 희망제작소는 2008년 '지역자원조사'에 이어 2009년 '중간지원조직 기본계획'을 완주군에 제안했다.

완주군은 일본의 중간지원조직 모델을 차용, 완주군의 폐교를 리모델링하여 '지역경제순환센터'를 만들었다. 희망제작소가 제안한 '중간지원조직 기본계획'을 받아들인 결과물이다. 완주군에 세워진 '지역경제순환센터'는 마을만들기, 커뮤니티비즈니스, 로컬푸드 사업, 귀농·귀촌의 활성화를 위한 매개 역할을 한다. 이와 동시에 2010년 완주군은 지역 활력 정책을 통합적으로 추진하기 위해 "농촌활력과"라는 부서를 신설하여 여러 가지로 시너지 효과를 낼 수 있었다.

완주는 다양한 중간지원조직의 형태 중에서 민간 재단 법인을 만들어 운영하기로 했다. 이에 2010년 재단 법인을 설립하였고 지역의 농협 조합장 및 명망가들을 중심으로 이사회가 꾸려졌다. 출자금 역시 지역 농협과 지역 은행 그리고 주민들이 모았다. 나는 희망제작소에서 파견 근무 형태로 초기 재단 설립부터 함께하게 되었다.

재단 설립 이후 완주군으로부터 중간지원조직을 위탁받아 운영하기 시작했다. 운영비, 사업비 모두 100% 지원받아 운영했으며 2012년부터 자체 수익 사업을 진행하기도 하였다. 그런데도 군 예산 의존도는 여전히 높았다. 마을기업과 귀농·귀촌, 지역 주민 교육 및 훈련 프로그램 운영하는 등 지역 주민들을 발굴해 지역의 필요를 해결해 나갈 방법을 실험해 볼 수 있도록 도왔다. 행정기관의 정보가 공유될 수 있고, 부서 간의 칸막이도 줄어들면서 문제 해결의 가능성이 커졌다.

막상 지역에 내려와 보니 농촌 지역에는 관변 단체 외의 자발적인 시민 조직을 찾기 어려웠다. 그러다 보니 "완주커뮤니티비즈니스센터"에서는 지역의 문제를 조사하거나 이슈를 만드는 일도 자연스럽게 하게 되었다. 대안 에너지 포럼 및 교육, 방과 후 학교 실태 조사, 대중교통 포럼 등이 그 사례다.

완주중간지원조직에서 일하면서 가장 큰 고민은 행정기관으로부터 독립과 자율 사이에서 왔다. 중간지원조직과의 협력이나 협치에 대한 이해나 훈련이 부족한 지역 행정과의 관계를 풀어가는 일이 만만치 않았다. 지역 사회와 지역 주민들 역시 지역 문제에 대한 인식은 있으나 비교적 행정에 대한 의존도가 높은 편이었다. "완주커뮤니티비즈니스센터"는 설립 시기부터 5년간 많은 시행착오를 겪을 수밖에 없었다. 바로 이 기간 동안 나는 전국 최초 지역 중간지원조직에서 일했다.

완주군은 폐교를 리모델링하여
'지역경제순환센터'를 만들었다.
희망제작소가 제안한
'중간지원조직 기본계획'을 받아들인 결과물이다.
완주군에 세워진 '지역경제순환센터'는
마을만들기, 커뮤니티비즈니스, 로컬푸드 사업,
귀농·귀촌의 활성화를 위한 매개 역할을 한다.

4

왜 완주로, 완주에서 무엇을

"완주에 내려가지 않을래?"

센터장님이 물었다. 나는 마흔이 되면 지역으로 내려가겠다고 말했었다. 갑작스러운 제안에 '지금이 내려갈 기회가 아닐까?'라는 생각이 들었다. 귀농·귀촌을 막연하게만 생각하던 우리 부부는 일사천리로 준비하기 시작했다. 그리고 2010년 1월 말 가방 하나 메고 내려왔다.

그때만 해도 완주는 내게 생소하고 낯선 곳이었다. 주변 사람들에게도 마찬가지였다. 내가 완주에 가게 되었다고 하니 주변 사람들은 으레 내가 '완도'에 가는 것으로 착각했다. 사실 완주에는 유명한 특산물이나 관광지가 없어서 대중에게 잘 알려진 곳이 아니다. 완주 산업단지 내 많은 산업체들조차 공식적인 명칭에 '완주 공장'이 아니라 '전주 공장'이라고 명시하였다.

지리적으로 보면 완주는 전라북도의 중심지인 전주를 둘러싸고 있다. 형태적으로는 위아래로 길쭉한 모양이며 면적도 서울보다 넓다. 전주에서는 차로 이동할 때 어디라도 30분이면 원하는 곳에 도착할 수 있다. 그러나 완주에서는 멀게는 1시간 이상이 걸리는 곳도 있다. 완주는 산간 지역이 널리 분포되어 있으며 인근 지역으로 이동할 수 있는 대중교통수단이 잘 형성되어 있지 않다. 그래서 완주 내 이동 시간이 길다. 이런 특성으로 인해 완주 전체를 아우르는 하나의 생활권이 형성되기가 어려워 생활권 자체가 3개 권역으로 나누어져 있는 다핵 도시이다. 그러니 완주 군민 전체의 의견을 수렴하거나 이목을 집중시키기가 쉽지 않다.

완주가 전주를 밖으로 둘러싸고 있기에 전주의 도시권 확장과 이로 인한 개발 사업에 영향을 받지 않을 수가 없다. 삼례읍, 봉동읍 등 전주시에 인접한 지역들은 주거지, 산업 단지로 넓혀지고 있으며 이서면에는 전북 혁신도시 건설로 신도시가 들어섰다. 이러한 변화로 8만(2010년)이던 인구가 9만 5천(2017년)을 넘었다. 재정 자립도도 전라북도 내에서 1위이다. 2013년에는 전국 군 지자체 중에서 재정 자립도 1위를 차지했다. 이는 앞서 언급한 지속적인 도시개발 사업과 확장되는 산업 단지로부터의 지방

세 징수가 주요인이다.[2]

전주의 도시권 확장과 개발 압력은 완주의 기회가 되기도 하고 위기가 되기도 하는데 이로 인한 갈등이 적지 않다. 전주시에 인접한 대도시 배후지들은 전주의 확장으로 인한 이득을 받고 있는 반면 완주 북쪽의 농촌과 산촌 지역은 전주의 도시권 확장이나 개발 사업에서 소외되고 있어 완주 내의 지역 간 격차가 커지고 있는 실정이다. 인구가 1~2천 명밖에 안 되는 면이 5개면이나 되며, 특히 운주면 소재의 어느 마을은 할머니 세 분이 마을 주민의 전부인 곳도 있다.[3] 게다가 땅값이 계속 오르고 있기 때문에 농촌 인구의 과소화를 극복할 방안이 될 수 있는 젊은 귀농인이나 귀촌자들의 정착조차 어려워졌다. 완주는 인구가 늘고 있고 재정 자립도도 높지만, 지역 내 불균형 또한 점차 심화되고 있다. 이러한 추세에서 경작 규모가 영세하고 특산물이 없는 완주가 농촌으로 살아남을 가능성은 적어 보인다.

사실 이러한 문제는 대부분의 농촌에서 겪고 있는데 2007년부

---

2) 정문수, 「지역발전전략으로서 '사회적 경제' 프로젝트 : 전북 진안군과 완주군 사례 연구」, 서울대 박사학위논문, 2016, p.104.

3) 전북 농·어촌의 과소화 문제가 심각한 상황에 직면해 있는 것으로 나타났다. 지난 2010년 인구주택총조사에서는 20호 미만의 세대가 거주하는 과소화 마을은 전북에서만 1027곳으로 전국 과소화 마을 3091곳의 무려 33.2%에 달하는 것으로 나타났다. …도내 전체 농·어촌 마을의 20.1%가 이 같은 과소화 마을이다. (과소화 마을 전국 최다인 전북, 전라일보, 2015.10.05.)

터 우리[4]는 이 문제를 해결할 방법을 새로운 방향에서 접근하고 고민하기 시작했다. 지속 가능한 농업, 농촌의 가치를 되살릴 수 있는 방식이어야 했다. 지역 내의 자원을 바탕으로 지역 주민들이 오랫동안 행복할 수 있는 방법으로 지역의 미래를 위한 실험을 시작했다. 로컬푸드 사업과 커뮤니티비즈니스가 바로 그것이다. 완주는 이러한 실험을 해 보기에 재정적, 지리적, 정치적인 측면 등이 적절했다.

2010년부터 2014년까지 내가 활동했을 당시의 완주커뮤니티비즈니스센터 활동[5]을 소개하면 다음과 같다. 완주커뮤니티비즈니스센터는 크게 공동체를 발굴하고 육성하는 일, 지역 주민들을 교육하는 일, 지역 내외부와 교류하는 일, 지역을 조사 연구하고 혁신 방안을 찾는 일을 했다. 그중 가장 많은 비중의 일은 마을공동체 사업을 발굴하고 육성하는 일이었다.
2010년 농촌활력사업을 시작할 당시는 농촌활력사업 중에 커

---

4) 여기서 말하는 '우리'를 정확히 누구라고 해야 할지 고민이다. 다만 넓게는 사회 활동가, 좁게는 중간지원조직 관련자라고 하면 어떨까 싶다.
5) 현재(2017년) 완주커뮤니티비즈니스센터는 "완주군 공동체지원센터"로 명칭을 바꾸고 새롭게 운영되고 있다.

뮤니티비즈니스 지원 사업만을 담당했다.[6] 초기 담당 행정부서와 역할 분담이 모호하였고 공모 사업 및 정책 사업 중심으로 진행되면서 행정 지원 산하 단체처럼 인식되기도 하였다. 2012년 이후 마을공동체 사업까지 담당하게 되면서 이른바 공동체 사업을 포괄하여 지원하게 되었다. 2013년 이후에는 사회적 기업과 협동조합과 관련된 지원 사업을 시작하면서 사회적 경제 영역의 업무까지 확장하여 일하였다.

공동체들의 발굴과 육성

공동체를 발굴하기 위한 아이디어 경진 대회를 열었다. 매년 완주군에서 주관하는 마을공동체 공모사업 심사, 교육, 컨설팅 및 모니터링 등을 담당했다. 사회적 경제 활성화를 위한 교육, 공동 판매의 장도 기획했다. 전략사업단 발굴이란 이름으로 방과 후 교육 분야 9개 사업단, 공예공방 분야 3개 사업단, 청소년 직업 체험 분야로 지역의 교육청, 민간 조직 등과 함께 새로운 협력의 모델을 실험하기도 했다.

---

[6] 2010년 초기 완주군 농촌활력과 부서 내에 마을공동체팀과 커뮤니티비즈니스팀이 별도로 나누어져 있었고 마을공동체팀은 별도의 전문계약직을 두어 활동했다. 마을공동체는 로컬푸드 사업의 계약재배와 가공품 개발에 무게를 두어 발굴 육성되었다. 반면 창업공동체(커뮤니티비즈니스)는 5인 이상이 모여 교육, 문화, 복지, 주거 등 다양한 주제로 활동했다.

국내외 교류

완주커뮤니티비즈니스센터는 지역 내외부와 교류를 통해 성장의 기회를 마련했다. 매년 완주군 마을공동체 교류 '누리살이 한마당'뿐 아니라 국내외 교류도 중요하게 여겼다. 2010년부터 매년 희망제작소와 공동으로 한일교류포럼을 진행했다. 주제는 커뮤니티비즈니스, 에너지, 저출산/고령화 문제 등을 다뤘다. 2014년 제7회 마을만들기 전국 대회를 "거버넌스"라는 주제로 개최하기도 했다.

새로운 제안

에너지, 교육, 교통, 청년 포럼 등을 진행하여 지역 이슈를 만들고 관련 공동체나 조직 만드는 일을 지원했다. 지역 내 에너지 협동조합에 대하여 그리고 방과 후 백서를 통해 지역 주민이 참여하는 돌봄과 교육에 대한 제안을 하였다. 귀농·귀촌한 청년 문제를 드러내는 데 일조하기도 했다. 또한 대중교통 노선이 전주와 묶여 있어 전주의 민간단체와 연계한 '완전교통포럼'을 만들어 함께 문제를 해결하려 한 점 역시 새로운 시도였다. 그 외에도 다양한 공모사업을 통해 중간지원조직 거버넌스 과정, 사회적기업 발굴, 협동조합 교육, 귀농·귀촌 교육, 지역 맞춤형 일자리 사업, 아동·청소년 지원 사업과 기관 네트워크 사업 등을 진행했다.

연계 활동

완주군과 완주교육청뿐 아니라 고용노동부, 지식경제부, 농림수산식품교육문화정보원, 교육과학부, 일본국제교류기금, SK사회공헌재단, 함께 일하는 재단 등 재원을 통해 활동했다. 완주군과 각종 공모사업을 포함해 매년 2억~4억 정도의 예산으로 운영되었다.

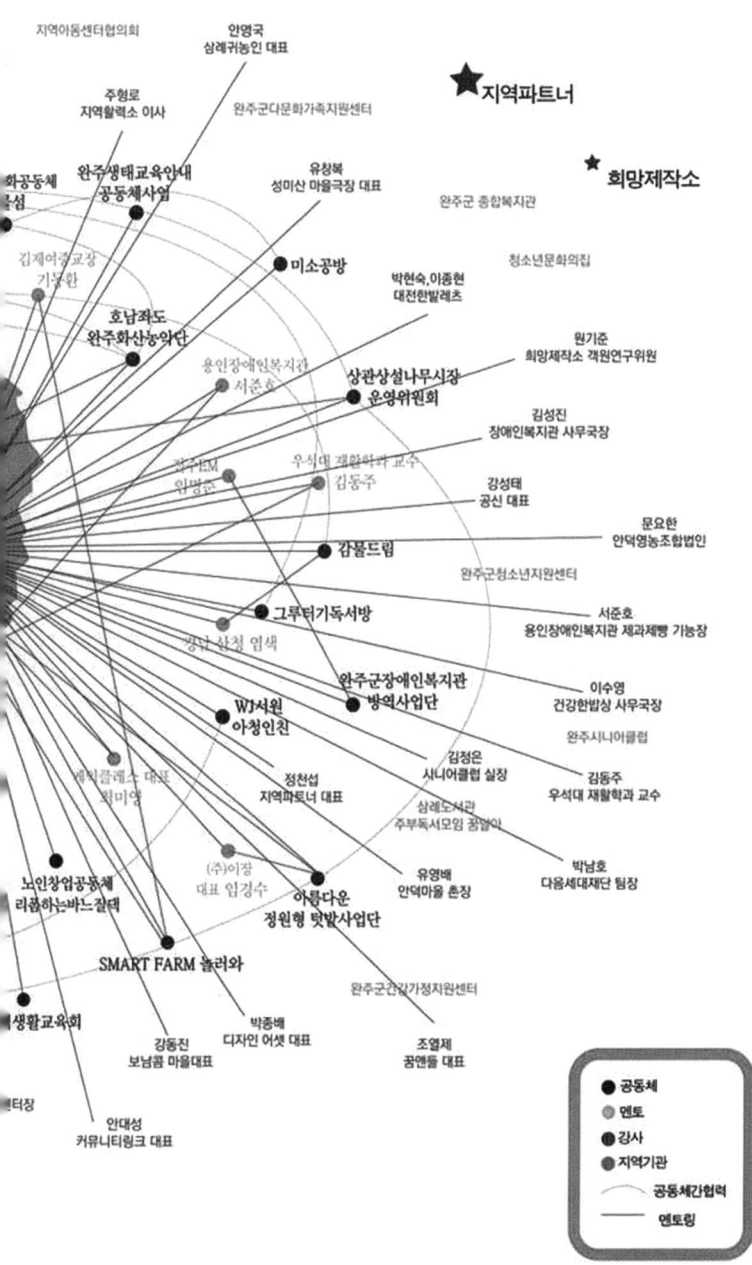

2007년부터 우리는
지속 가능한 농업, 농촌의 가치를 되살릴 수 있는
새로운 방식을 고민하였다.
지역의 자원을 바탕으로
지역 주민들이 오랫동안 행복할 수 있는 방법으로
지역의 미래를 위한 실험을 시작했다.
로컬푸드 사업과 커뮤니티비즈니스가 바로 그것이다.
완주는 이러한 실험을 해 보기에 적절한 측면이 있었다.

2장

중간지원조직 체험기 (1)
: 출발과 전개

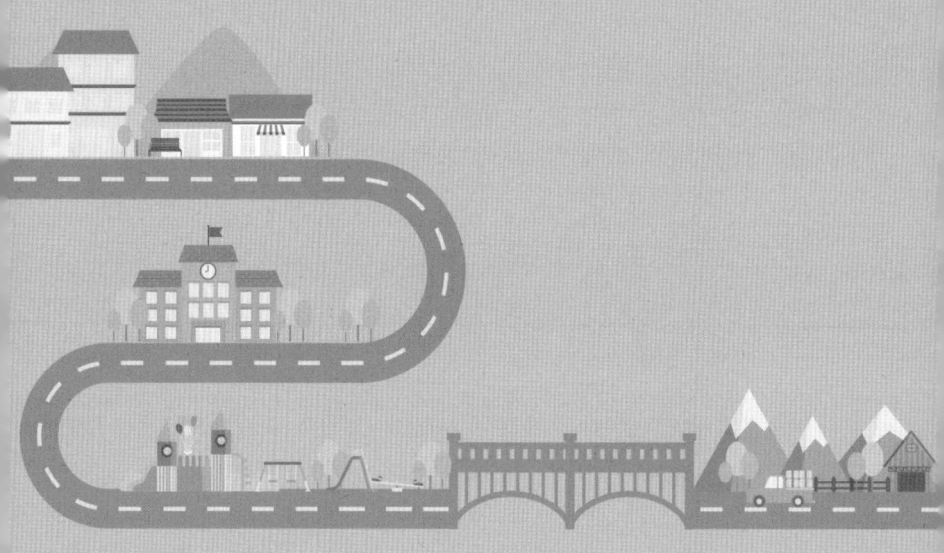

1

중간에 없는 중간지원조직

중간지원조직 "완주커뮤니티비즈니스센터" 무슨 일을 하는 곳일까? 많은 사람이 궁금해했다. 나이 드신 어른들은 이름만 듣고는 도무지 감을 잡지 못하신다. 이름을 설명하는 데만 한참이 걸린다. 그냥 무슨 일을 하는지 말씀드리는 것이 편할 때가 많다. '지역을 이롭게 하는 새로운 방법'이라는 모토로 전국 최초로 주목받는 새로운 이슈와 모델을 만들고 싶었다.

사업 설명을 위해 여러 부류의 사람들을 만나러 다녔다. 장애인 복지관에서는 자활사업으로 접근했고 시골 작은 학교에 도서관을 만들겠다는 엄마들에게는 지금 하는 대로만 하면 된다고 격려했다. 앞으로 살 수 있는 날이 얼마 남지 않았다며 손사래를 치는 어르신들에게는 마을이 사라지면 안 되니 뭐라도 해보는 것이라고 설명했다. 2010년 말 그렇게 한 사람 한 사람 만나러 다녔다.

'서포터스 포럼'이라는 이름으로 주민들을 초대했을 때만 해도 몇십 명이 조촐하게 앉아서 낯설고 신기한 국내외 사례들과 강의를 들으며 반신반의했다. 우리는 다 같이 낯설고 신선했다.

행정기관은 분주하게 움직였다. 2010년 '농촌활력과'를 신설하고 군수의 역점사업으로 여겨 마을 관련 사업들을 한데 묶었다. 로컬푸드, 커뮤니티비즈니스, 마을회사, 귀농·귀촌 업무가 농촌활력과의 일이 되었다. 행정기관과 중간지원조직이라는 경계 없이 많은 사안들을 협의하고 조절해 갔다. 빠른 속도로 일들이 추진되었다. 마을회사 100개를 만들겠다는 공약이 2년 만에 달성될 정도였다.

공동체 100개 육성이라는 목표 아래 매년 완주군 자체 예산을 공동체 육성에 지원했다. 커뮤니티비즈니스 공모 사업이 센터의 중심 사업이 되었고, 새로운 공동체를 발굴하기 위한 교육 사업이 일 년 내내 돌아갔다. 공동체를 공모하여 심사하고, 교육하고 컨설팅하고 기존 사업단을 관리하고 평가하는 동안 한 해는 정신없이 지나갔다. 그 안으로 빨려 들어갔다.

주변의 관련 기관을 돌아볼 여유가 없었다. 한 번은 다른 기관 사무국장의 전화를 받았다. 자신들의 회원을 빼내어 자신들도 모르게 일을 진행한다며 불쾌해했다. 이처럼 주제도 대상도 경계도

없이 진행하면서 초기에는 기존의 지역 기관들과 갈등도 있었다. 우리는 많은 주도권을 가지고 있었지만 지역 사회에 대한 이해는 턱없이 부족했다. 시기와 관심을 한 몸에 받을 수밖에 없었다.

중간지원조직은 중간에 있지 않았다. 주민들의 이야기는 뒷전이었다. 행정기관과 협업하면서 행정기관과 닮은꼴이 되어갔다. 2011년 두 번의 감사를 받고 나서 서류부터 내부 운영까지 더 공무원과 비슷해졌다. 감사 이후, 이전 서류까지 수정하면서 회계 담당자와 나는 몇 달간 서류 더미에 묻혀 살았다. 문서로 말하는 행정기관과 같이 수많은 계획서와 보고서, 평가서, 정산 서류들을 만드는 일에 능수능란해졌다. '나는 누구인가? 무엇을 하고 있나?'를 묻기도 전에 서류를 만들고 또 만들었다. 내가 당사자인 지역민이 되고 나서 '중간'의 의미를 다시 묻게 되었다.

'나는 누구인가? 무엇을 하고 있나?'
묻기도 전에 서류를 만들고 또 만들었다.
주민들의 이야기는 뒷전이었다.
중간지원조직은 중간에 있지 않았다.

2

공무원과 민간인 사이

"우리 손주는 무슨 일을 하나?"

"음~~. 농촌을 위해서…… 지역에 좋은 일…… 할머니, 그냥 공무원이에요. 공무원"

내 할머니에게 내가 한 대답이다. 할머니에게뿐 아니라 주변에서 이런 질문을 받을 때면 늘 난감했다. 어떻게 설명해야 할지 모르겠다. 시민단체, 연구소 대충 이렇게 설명하고 넘어갔는데, 완주에 내려와서는 아주 길게 설명하거나 한 단어로 공무원이라고 답하게 되었다. 동네 어르신들도 나에게 "학교 가?[7] 군일 보러 가?"하고 물어보셨다. 가끔 나를 공무원으로 오해하고 나에게 민원을 넣는 어르신도 계셨다. 나는 누구일까?

---

[7] 내가 일하던 곳은 "지역경제순환센터"로 2003년 폐교된 "삼기초등학교"를 리모델링한 곳이라 그 앞마을인 상삼 마을의 어르신은 아직도 '학교'라 부르신다.

　서울의 희망제작소에서 완주군에 중간지원조직을 만들자는 제안을 했고 기본 계획도 세웠다. 행정 조직은 1년 단위로 예산과 정책이 끊어지고, 담당 공무원이 옮겨가면 또 새잡이가 와서 일하다 보니 지속적이고 안정적인 정책 운용이 어려웠다. 아무리 좋은 정책도 그걸 실현하려면 사람이 필요한데 시골에는 어르신들이 전부니 이를 맡아 할 사람이 필요하던 차였다. 완주군은 행정 기관과 주민들 사이에 다리 역할을 할 중간지원조직을 만들고 옛 삼기초등학교 건물을 매입해 "지역경제순환센터"라는 거점을 만들었다.

　2010년 센터를 만들 때 군 직영으로 할 것인지 위탁 형식으로 할 것인지 고민이 컸다. '내가 공무원이 되느냐? 마느냐?'를 결정하는 문제이기도 했다. 이 쟁점의 핵심에는 '안정성'과 '독립성' 중 어느 것을 선택할 것인가가 자리 잡고 있었다. 후자를 선택했다. 다들 공무원이 되면 좋지 않겠느냐고 했다. 그러나 설립 과정 초기에 행정 기관과 희망제작소 간의 줄다리기를 경험한 나로서는 독립성을 선택한 입장에 섰다. 요즘은 전문계약직이라는 형태가 늘면서 공무원이 된 민간 전문가들이 많다.[8] 당시만 해도 공무원으로 들어가서 그 위계와 체계 안에서 힘들어하는 사례들이 많았던 터라 자유가 있는 민간인으로 남는 것이 좋다고 보았다.

희망제작소에서 일하면서 단기 프로젝트 수행을 위해 이곳저곳으로 옮겨 다녔다. 그러다 보니 스스로가 보따리장수 같다고 느낄 때가 많았다. 완주로 오면서 이제 한 곳에 살며 내가 사는 지역과 지역 안에 있는 나의 삶을 위해 일할 수 있을 것이라는 약간의 설렘이 있었다. 그간 '외부관찰자' 같았다면 이제 '내부자'가 된 기분이랄까? 떠나갈 손님이 아니라 얽히고설킨 관계 속에서 지난한 과정을 겪어가며 문제를 해결할 수 있을 것 같았다. 책임감과 함께 조심스러움도 많아졌다.

공무원과 민간인 사이라는 애매한 위치에서 행정기관이나 민

---

8) 요즘은 스스로를 어공(어쩌다 공무원)이라 부른다. 완주에서 진행한 '2014년 마을만들기 전국대회'에서 어공들의 토론 세션이 운영되기도 했다.

간 조직에서 해결하지 못했던 일들을 해냈다. 더 많은 정보와 권한으로 다양한 민간의 고민과 행정의 시도들을 엮고 나누고 풀었다. 중복되고 단절되어 답답했던 일들이 우리의 개입으로 해결될 수 있다는 것이 신나고 재미있었다. 그러나 여전히 주민의 입장도 공무원의 입장도 충분히 이해하지 못하는 어중간한 상태였다. 공무원과 민간인 사이에서 누구에게도 편파적이지 않고 중립적인 그래서 너무나 어중간한 우리의 위치는 문제가 되지 않는다고 생각했다. 그러나 시간이 갈수록 이 어중간함 안에서 균형을 잡는 것이 힘겨운 일임을 알게 되었다.

중간지원조직은 어떤 위치에서 어떤 역할을 해야 할까? 지역을 새롭게 하는 것, 행정기관과 주민들의 입장을 공유하고 같이 할 사업을 구상하여 지역을 살릴 공동체로 묶는 것이다. 그러나 정작 공무원, 주민, 중간지원조직 활동가 누구와도 미래의 그림을 허심탄회하게 이야기한 적이 없었다. 함께 일하고 있다는 믿음과 신뢰는 뒷전으로 밀려나고 견해차만 드러났다. 처지가 다른 행정기관과 민간인들 사이의 중간이 아니라 이곳을 더 낫게 만들기 위한 동료라는 더 중요한 사실을 점점 잊어버리고 있었다. 지역 구성원들이 공유해야 할 청사진조차 같이 그리지 않고 공무원과 민간인 중 어느 한쪽에 서려고 했던 것이다.

공무원과 민간인 사이라는 애매한 위치에서
다양한 민간의 고민과 행정의 시도들을
엮고 나누고 풀었다.
그러나,
여전히 주민의 입장도 공무원의 입장도
충분히 이해하지 못하는 어중간한 상태였다.

시간이 갈수록 알게 되었다.
이 어중간함 안에서 균형을 잡는 것이 힘겨운 일임을.

3

행정기관과 중간지원조직

대부분의 지방자치단체에서 공무원들이 직접 할 수 없는 일들을 전문가나 민간 전문 단체에 의뢰해 수행한다. 그 과정에서 행정 절차에 따라 계약을 하고 돈을 지급한다. 완주커뮤니티비즈니스센터도 그런 행정의 절차를 밟았다. 심사를 거쳐 운영 계약을 맺고 돈을 받아 5년간 위탁 운영해 왔다. 이러한 과정과 절차를 따르다 보면 어느 순간 행정기관도 중간지원조직도 주민과 지역을 위한 일을 대행한다는 본연의 역할을 잊고 지방자치단체에서 요구하는 절차 속에서 갑과 을이 되어 버린다.

갑은 요청한 대로 정해진 기간 안에 성과 내기를 기대한다. 을은 그 기대의 내용을 파악해 적절하게 성과를 내는 길을 택한다. 한편, 을은 자신들이 기대하는 내용을 전제로 하면서 자유롭고 적극적으로 더 중요하고 필요한 일을 찾으려고 한다. 이때 갑과의 마찰을 불사하며 적극적인 길을 택한다. 갑은 둘 다 원치 않는다. 전자의 경우는 안전하지만 너무 뻔해서 참신한 성과를 내기 어렵다. 후자는 위험 부담을 감수해야 하고 특히 을과 처음 관계를 맺는 경우 성과의 불확실성이 높아진다. 어떤 선택을 할 것인가? 대체로 점점 전자 쪽으로 흘러가게 된다. 어차피 싸워봐야 손해라는 생각 때문이다. 결국, 을로서는 보여줄 성과가 불확실한 상황에서 안전한 길을 선택하고 적절한 수준에서 타협하는 것으로 마무리된다.

　어떤 공무원을 만나더라도 상황은 크게 달라지지 않는다. 공무원이 위험을 극도로 주저하든 자신이 더 전문가라고 자처하든 별반 다르지 않다. 후자의 경우 처음에는 적극적으로 나서서 여러 실험을 하려는 공무원을 만나면 우선은 무척 반갑다. '이런 공무원이 있다니~' 그러나 시간이 가면서 전문가라고 자처하던 공무

원이 꼼짝 않는 공무원만큼이나 함께 상의하고 협의하는 것이 불편해진다. 이들은 자신이 가진 정보와 인맥으로 일을 해결하는 것이 더 빠르고 직접 성과를 낼 수 있으니 일석이조(一石二鳥)라는 것을 잘 알고 있기 때문에 결국 중간지원조직과의 협력을 뒷전에 두게 된다.

 희망제작소에서 공무원 교육을 담당했었다. "달리는 희망버스"라는 교육용 버스를 타고 전국 곳곳의 현장을 직접 찾아다니며 실천적인 주민이나 전문가들을 연결해 공무원들과 교류할 수 있도록 돕는 일이었다. 어느 지역을 방문했을 때의 일이다. 지역 시민단체에서 일하시는 분이 "공무원들이 교육을 너무 많이 받아서 힘들다"며 농담처럼 이야기를 꺼내셨다. 공무원들 수준이 높아지면서 원활한 소통이 가능해진 것은 긍정적이지만 선진지, 유명 사례, 전문가에게만 눈을 돌리며 지역의 전문가나 활동가들을 무시하는 부정적인 측면을 말씀하신 것이었다.
 행정기관과 중간지원조직 모두 지역을 위한 대행자다. 주체성을 가진 대행자가 필요하지만 본인이 주체인 양 착각하게 되는 순간이 많다. 행정기관뿐 아니라 중간지원조직도 그렇다. 내 조직, 내 사업이 되는 순간 지역의 관심과 반응 특히 반대되는 반응은 거추장스럽고 불편해진다. 자신의 정체성에 대해서 끊임없이 탐구하지 않고 사업만 보고 달려갈 때 '나는 왜 여기에서, 누구와 함께, 누구를 위해 일하고 있는가?' 하는 물음을 잊게 된다. 그런 질문이 더는 중요하지 않게 된다. 어떻게 관성적으로 변하지 않고 장기적인 안목으로 함께 성장해 갈 수 있을까? 이는 주체적인 대행자로 서기 위해서 늘 품어야 할 질문이다.

행정기관과

중간지원조직

모두,

지역을 위한 대행자다.

주체성을 가진 대행자가 필요하지만,

본인이 주체인 양 착각하게 되는 순간이 많다.

행정 기관뿐 아니라 중간지원조직도 그렇다.

3장

주간지원조직 체험기 (2)
: 정체성 찾기

1

독립과 자유

"완주커뮤니티비즈니스센터"는 완주군수의 역점 사업으로 야심 차게 시작되었다. 인건비와 운영비 전체를 군에서 지원받았다. 신생 조직치고는 예산 규모가 컸다. 2012년 센터장이 처음으로 오고 나서 인건비 70%만 보장받는 형태로 전환하면서 경제적인 자립에 대한 꿈을 키웠다. 자체적으로 교육 사업을 하면서 중앙 정부나 민간 기업의 기금을 지원받아 나머지 비용을 충당했다. 이전보다 업무는 늘었지만, 신이 났다. 군내의 중간지원조직 담당 부서 이외의 귀농·귀촌, 청소년 교육, 평생 학습, 여성 등 다른 부서와 연계된 일들을 진행하기도 하고 자체적으로 시도할 만한 일들을 여러 가지로 궁리했다. 그러나 2014년 군의 담당 부서로부터 100% 인건비를 지원할 테니 관련 사업과 완주군 대상 업무에만 집중해 달라는 요청을 다시 받았다. 이런 과정을 거치면서 운영비와 인건비 전액을 지원받는다는 것의 의미를 새삼스럽게 생각해 보게 되었다.

중간지원조직은 더 많은 자유와 독립을 원하는 동시에 안정성과 지속성도 원한다. 둘 중 하나를 선택해야만 하는 것일까? 둘 다를 충족시킬 수는 없을까? 인건비를 충당하기 위해 더 많은 일을 벌이면서 모두 공익적인 활동인데 인건비 전액을 행정기관으로부터 안정적으로 지원받으면 안 되는 것일까 하는 생각도 들었다. 하지만 현실에서 이 둘은 양자택일의 사항이었다. 우리는 자유와 독립을 선택했다. 다른 많은 민간단체들의 실상을 살펴보면

이런 고민 자체가 사치스럽다. 대개는 운영비와 인건비를 지원받지 못한다. 이렇게 맺은 계약에서조차 기관이 교체될 수 있다는 점에서 자유롭지 못한 경우가 많다. 자유와 독립을 선택하면 사업 진행의 불안정함을 안고 갈 수밖에 없다는 사실을 인정할 수밖에 없다.

안정적인 지원보다 독립과 자유를 선택했음에도 불구하고 행정기관과의 신경전은 여전하다. 신경전으로 인한 피로감이 쌓이면 회의가 밀려온다. 내가 이러려고 이 일을 하고 있나 하는 자괴감이 든다. 지혜롭게 이 줄다리기를 해야 한다고, 이런 과정을 거치면서 어른이 돼 가는 것이라고 마음을 다잡아 보지만 이런 일들이 반복되면 실력과 연륜의 부족을 탓하게 된다. 그러면서 자괴감은 더 커진다. 실력을 쌓아 다른 곳, 더 나은 환경을 찾아가고 싶어진다. 연륜을 쌓아 정치적인 방법으로 한 방에 해결하고 싶은 마음이 들기도 한다.

돌아보면 일을 시작하며 바랐던 것은 구상하고 기획한 것이 제대로 잘 실현될 수 있는 안정적인 환경이었다. 존중받고 신뢰받으면서 독립적으로 할 수 있다면 금상첨화였다. 자유와 독립, 안정과 지속이라는 상반되는 요소들을 실현하려면 적지 않은 시간이 필요하다. 이 모든 것이 시간이 걸리는 일이라는 것을 당시에는 생각하지 못했다. 단번에 얻으려 했고 모든 실마리가 마치 행정기관과 군수에게 있는 것처럼 그들과만 머리를 맞댔다. 안정적이고 지속적으로, 자유롭게 독립적으로 중간지원조직을 운영하는 것은 운영 자금의 자립도와만 관련된 문제는 아니다. 행정기관에서 얼마나 독립적이고 안정적인 환경을 조성해 주느냐의 문제만도 아니다. 중간지원조직이 '행정기관과 지역민들 사이에서 얼마나 존중받고 신뢰를 받느냐'로부터 시작되는 문제다. 지역에서의 존중과 신뢰를 끌어내는 데는 겸손, 인내, 자존감이 필요하다. 그리고 중요한 것은 시간을 들여야 한다는 점이다. 그런 것들을 빠뜨린 채 단지 '모셔온 사람'으로만 남는 것[9]은 씁쓸한 일이다.

---

[9] 완주군의회 의원은 "완주에 내려온 명인들이 완주를 떠나지 않도록 처우 개선도 중요하지만 행정에서 지나친 관여로 마음을 불편하게 해서는 안 될 것"이라고 말한 바 있다. (전국에서 온 명인들 완주 다 떠나나?, 전북도민일보, 2016. 11. 27.)

안정적이고 지속적으로,
자유롭고 독립적으로
중간지원조직을 운영하는 것은
운영 자금의 자립도와만 관련된 문제는 아니다.
행정기관에서 얼마나 독립적이고 안정적인 환경을
조성해 주느냐의 문제도 아니다.
'행정기관과 지역민들 사이에서
얼마나 존중받고 신뢰받느냐'에서
시작되는 문제다.

2

정치적 중립이라는 덫

중간지원조직은 정치적 중립을 지켜야 한다고 생각했다. 현실적으로 정치적 입장을 드러내기도 어려운 처지였다. 2013년 전주와 완주의 통합 여부를 결정하는 선거가 있었다. 완주군은 이에 찬성하는 적극적인 행보를 보였다. 행정기관과 합심해서 일해

야 하는 상황에서 정치적 사안에 대해 반대 입장을 표하는 것은 불편한 일이었기 때문이다. 그러나 적극적인 지지를 하지 않는 것만으로도 알 수 없는 삐걱거림을 느꼈다. 그즈음부터 다음 해 자치단체장 선거까지 1년쯤 무기력한 시간을 보내야 했다.

2014년에는 6월에 걸쳐 있는 자치단체장 선거 때문에 아무것도 할 수 없었다. 센터의 이사장이 자치단체장 선거에 출마하면서 본의 아니게 선거 과정에 휘말리게 되었다. 그해 자치단체장 선거에서 '무상버스'가 이슈가 되었는데 완주의 대중교통문제를 해결해 보자며 센터도 전주의제[10]와 협력하여 '완주-전주버스포럼(완전버스주민포럼)'을 만들었다. 그로 인해 특정 후보를 지지한다는 의심까지 사게 되었다. 이전 군수와 협의해 확정된 '마을만들기 전국대회'라는 큰 행사를 앞두고 있었지만 이런 과정 속에서 행정기관과의 협의가 어려워졌다. 부족한 예산을 위한 추경예산도 세워지지 않아 마음을 졸여야 했다. 선거 이후에도 일은 진척되지 않았다.

중간지원조직이므로 정치적으로 휩쓸려서는 안 된다고 생각했다. 그것이 미덕이라고 여겼다. 사회운동이나 정치운동과 멀찍이

---

10) 2000년에 창립된 전주지속가능발전협의회, 시민단체, 기업, 전문가, 행정공무원이 함께 Local Agenda21을 실현하기 위하여 모였다.

떨어져 있었다. 하지만 완주커뮤니티비즈니스센터의 조직과 활동은 이미 매우 정치적이었다. 전 군수의 역점 사업으로 등장한 것부터 센터의 활동 결과에 이르기까지 정치적으로 평가될 수밖에 없었다. 이미 아주 정치적인 조직이며 어떤 식으로든 정치적 영향을 미치고 있다는 사실을 정작 내부에서만 애써 외면하며 부인하고 있었다.

사실 우리의 활동 결과가 지역에 안착되기 위해서는 정치적인 지원이 필요하다. 커뮤니티비즈니스 방식으로 지역의 문제를 해결하기 위해서 제도적인 뒷받침이 따라야 하는 문제가 비일비재하기 때문이다. 예를 들면 지역자원을 활용한 '방과 후 협동조합'을 만들었지만 현실은 학교에 들어갈 수 없기 때문에 군과 교육청에 협조를 구하거나 정치적으로 해결해야 했다. 우리가 지원한 다양한 공동체들이 뿌리내릴 기반을 갖도록 정치적으로 접근해야 했다.

중간지원조직은 공동체 지원에서 교육과 관리 차원의 활동에만 그쳐서는 안 된다. 설립된 공동체들이 더 잘 활동할 수 있도록 정치적인 의제를 발굴하고 정책과 제도의 변화를 만들어 내야 한다. 제도적인 기반을 만들어 주는 일 또한 중간지원조직의 몫이다. 특히 지역 문제를 주민들의 관점에서 그들과 함께 해결하기 위해서 스스로를 정치적 중립이라는 틀에 가두지 말고 다방면으로 활동할 필요가 있다. '기계적 중립'은 정치적 중립을 지킨다는 명목으로 오히려 스스로를 개념의 틀에 묶어 두어 활동의 반경을 좁히고 다양한 접근점을 제한하는 족쇄가 될 뿐이다.

설립된 공동체들이 지속될 수 있도록
제도적인 기반을 만들어 주는 일이
중간지원조직의 몫이다.

3

군수와의 핫라인

어떤 분들이 가끔 이런 이야기를 한다. "군수와 직접 통화할 수 있는 사이인데……." 곤란을 겪고 있을 때는 '그렇게 한 방에 해결할 수 있으면 좋겠다.' 싶을 때도 있다. 그러나 대개는 그런 이야기를 듣고 나면 힘이 빠진다. 매번 했던 얘기를 하고 또 해서 간신히 뭔가를 바꾸어 나가는 실무자의 노력이 무력하게 느껴지기 때문이다.

군수의 역점 사업으로 시작된 "완주커뮤니티비즈니스센터"는 초기에 핫라인을 가지고 있었다. 특히 희망제작소에 대한 신뢰 덕분에 희망제작소를 통해 핫라인이 가동되었다. 뭐가 잘 안 되거나 공무원이 우리 뜻대로 움직여 주지 않으면 바로 쫓아간다. 공무원 입장에서는 선생님께 쪼르르 가서 이르는 아이 같아 보였을 것이다. 우리들 입장에서는 그런 과정을 거쳐야 움직이게 되는 관계가 쓸쓸했다. 그런데 이런 상황이 반복되면 둘 간의 신뢰는 사라진다. 완주커뮤니티비즈니스센터는 초기 세팅 이후 핫라인 없이 살았다. 무엇보다 센터장이 공석이었고, 사무국 식구들은 정치적인 처세를 잘하지 못하거나, 하지 않아서 핫라인이 생길 수 없었다. 여러 부분에서 지리멸렬한 씨름을 하긴 했지만, 그 덕에 몇몇 공무원과는 아직도 두터운 신뢰를 가지게 되었다.

매번 선거 이후 비선 실세임을 자처하는 사람들이 나타난다. 그렇게 잘 나가는 사람들이 부러웠다. 작전을 짜서 행정과 중간지원조직, 외부에서 시너지를 내는 그들의 경험과 연륜이 부러웠다. 성과도 내고 자신들이 의도하는 바도 실현시키는 섹시한 기

획과 실행력이 부러웠다. 술도 잘 마시고 행정기관과 민간의 다양한 사람들과 호형호제하며 지내는 그들이 부러웠다. 그들이 모든 것을 일사천리로 이루어나가는 것을 눈으로 보자니 질투심이 늘어갔다.

그럴수록 한 방에 해결할 수 있는 권력이 갖고 싶어진다. 비선실세의 말로를 지켜보고 있으면서도 절차 없이 영향력을 발휘하고 싶어진다. '최순실'이 되고 싶은 유혹에 빠진다. 다양한 민주적인 방식과 절차들이 무용하게 느껴진다. 그나마 있는 절차들도 비선 실세의 유혹을 부추긴다. 거수기로 세워놓은 각종 위원회처럼 말이다.

건강한 권력은 결국 아래로부터 오는 것이다. 시간이 오래 걸리더라도 그런 변화를 만들어야 한다. 생활에 기반을 둔 지역 주민들이라는 뒷배를 갖지 못하면 결국 오래가지 못한다는 것을 배웠다. 쉽게 한 방에 일사천리로 해결하는 일이 결코 부러운 일이 아니라 부끄러운 일이라는 것을 뼛속 깊이 절감했다.

건전하고 건강한 권력은
결국 아래로부터 오는 것이라는 것을 뼈저리게 배웠다.
시간이 오래 걸리는 일이라도
그런 변화를 만들어야 한다는 것을.
생활에 기반을 둔, 지역 주민들이라는 뒷배를 갖지 못하면
결국 오래가지 못한다는 것을.

4

중간지원조직의 정체성

살아보지 않아도 다 안다고 자부하는 사람들이 많다. 한평생 완주에서 일해 오신 분이라면 완주에 살지 않아도 다 알 수 있다고들 하신다. 하지만 내 일상의 터, 내가 앞으로 계속 살아갈 땅에 대한 애정과 걱정의 무게와 크기는 상당히 다를 수밖에 없다. 안다는 것이 머리까지라면 살아보지 않아도 안다는 말은 맞다. 그러나 안다는 것이 머리에서 가슴 그리고 발까지 내려오려면 살아보지 않아도 안다는 말은 맞지 않을 때가 많다.

2014년 농촌의 대중교통 문제를 고민하는 포럼이 열렸다. 위원으로 오셨던 많은 분들이 버스를 타지 않는 분들이라 포럼 주제에 공감할 수 없었다. 저명한 포럼 위원들보다 동네 아기 엄마, 학생, 할머니들이 더 열변을 토했다. 나 역시도 완주에 내려온 그해 너무 답답해서 운전면허증부터 땄기에 완주의 대중교통에 대한 경험이라곤 그때의 6개월 정도가 전부였다. 사정이 그렇다 보니 배차 시간이 길다는 말 외에는 달리 할 말도 고민도 없었다. 평소에 버스를 타지 않는 사람이 대중교통 문제에 대해서 절박하게 공감할 수 있을까?

지역에 살지 않는 사람이 지역 문제를 이해하고 공감하기 어렵다. 살아도 외지로 출퇴근하면서 하숙생처럼 생활하는 사람보다는 동네 백수가 동네 사정에 더 밝다. 출퇴근만 하는 하숙생이라도 주말에는 집에 있을 테니 살지 않는 사람보다 낫지 않을까? 귀농·귀촌인을 유치하기 위해 농촌의 고령화 문제를 해결하기 위해 고군분투하는 분들이 지역에 더 많이 살아야 하지 않을까? 주거의 자유가 있으니 완주에 살기만을 강요할 수도 없는 노릇이다. 하지만, 여전히 나는 출퇴근 시간 전주로 들고나는 길목에 차가 막히지 않을 날을 기대해 본다.

완주군청은 완주가 아니라 전주에 있었다.[11] 전주와 완주는 붙어 있어 근거리지만 완주의 일을 위해 전주로 간다는 것이 처음에는 낯설고 이상했다. 완주군청이 완주로 이전한 지금도 상당수의 완주군 공무원들은 전주에 거주지를 두고 있다. 몇 년 전 전남의 어느 군에 강의를 하러 갔더니 그곳 주민들이 군 공무원들은

---

11) 전주에 있던 완주군청은 2015년 완주 용진으로 이전하였다.

모두 광주에서 산다고 하였다. 완주만 그런 것이 아니었다. 보고 듣고 얽히고설키는 가운데 있으면서 당신의 문제가 아니고 나의 문제가 될 수 있을 때, 민원인이 아니라 주민으로 대할 수 있지 않을까?

중간지원조직 사무국장이었던 나도 그렇다. 외부자와 기획자의 자리에서 벗어나 동네 백수이자 아기 엄마로 공동육아모임을 하면서 달라졌다. 살아봐야 안다. 기획자로만 살았지 한 번도 지역민으로 산 적이 없었다. 지역 주민이 아니니 지역 주민의 고충을 들어도 남의 일이었다. 처리해야 할 문제이기만 했다. 내가 지역민이 되니 그간 사람들을 설득하고 이끌면서 익숙하게 사용하던 공동체, 지역, 주민 참여란 용어들이 모두 혼란스럽게 느껴졌다.

서류나 업무가 아니라 삶이어야 한다. 나는 그동안 기획자로서의 기대와 의욕이 앞서 실제 지역 주민의 입장을 헤아리지 못했다. 지역 사람들과 부대끼고 살면서 지역을 대강 이해하는 데만 꼬박 1년이 걸렸다. 그리고 지금 다시 시작이다. 내가 겪었던, 내가 느꼈던 모든 것들이 내 안에 있다. 나는 다시 나와 내 주변의 고민과 문제에 집중하며 살아가고 있다.

보고 듣고 얽히고설키는 가운데

당신의 문제가

나의 문제가 될 수 있을 때,

민원인이 아니라

'함께, 우리, 주민'으로 대할 수 있지 않을까?

4장

마을공동체의 생명력

1

마을에 떨어진 횡재, 마을사업

만일 누군가가 당신에게 당신의 뜻이 좋으니 1억을 지원하겠다고 한다. 담보도 없고, 갚지 않아도 된다. 단 1년 안에 돈을 다 사용해야 하고, 주변 사람들과 함께 성과도 내야 한다. 나는 아직 경험도 없고 여러모로 부족하지만 그 돈을 받고 싶다. 갑자기 뭔가 해낼 수 있을 것만 같다. 핑크빛 미래가 쫙 펼쳐진다. 이런 상황을 우리는 횡재라고 한다. 단, 1년 안에 돈을 다 사용하고, 주변 사람들과 함께, 라는 단서가 붙어있는 것을 빼고는 말이다.

그렇게 마을공동체 사업이 시작됐다. 정말 잘 될 것 같았다. 야심 차게 그 돈만 지원받으면 다 될 줄 알았다. 2010년 첫해 마을공동체 심사위원으로 현장심사를 갔다. 구불구불 들어가는 한 골짜기 마을이었다. 마을 입구에 우리를 환영하는 현수막이 붙어있었다. 선정이 된 것도 아닌데 우리를 환영하며 반겨 맞으시는 어르신들 모습에 약간 부담이 됐다. 마을 사람들은 뒷산에 고사리를 심어 보시겠다고 하셨다. 종자 살 돈을 좀 지원해 달라고 했다.

"이 지역에 왜 고사리인지? 고사리 농사를 지어보신 분이 계시는지? 이 사업을 통해 마을에 어떤 변화를 기대하는지?" 심사하는 사람들의 모든 질문에 고사리가 수익성이 높다고 하면서 한마디로 '돈이 된다'고 열심히 설명했다.

당시 '공동체 사업이 무엇인지? 왜 군에서 이런 사업을 지원하는지?'에 대한 근본적인 이해가 없었기 때문에 우리는 웃으며 이

사업의 취지를 설명해 드리는 자리로 분위기를 바꾸었다. 그런데 이런 일은 그 뒤에도 계속됐다. 소위 '돈'이 되는 사업을 가지고 오신다. 좀 생각이 있는 분들은 그런 사업에 여러 가지 기대되는 효과를 강조하기도 했다.

  요즘은 자치단체뿐 아니라 중앙, 민간기업에서도 이런 지원 사업을 한다. 한 마디로 횡재의 기회가 많아졌다. 물론 아무나 모두에게 기회가 가진 않는다. 연말이 되면 이런 설명회에 주민들이 찾아온다. 거창한 기조에 맞춰 마을의 사업을 잘만 포장하면 우리가 하고 싶은 일을 할 수 있는 자금이 생기게 되니 모두의 관심사가 될 수밖에 없다.

  문제는 돈을 받고 난 뒤 핑크빛 미래가 걷힌 현실에서 시작된다. 돈도 써본 사람이 쓴다고 정해진 시간 내에 공동체가 원하는 대로 마을사업을 진행하기가 참 어렵다. 특히 공동체가 원하고 필요한 것이 정확하고 구체적이지 못할 때 더 어렵다. 그래서 매년 공동체 사업을 선정하기 전에 다시 사업을 조정하기 위한 워크숍과 자원 조사 등을 했다. 그 과정에서 그림을 그려보려 하지만 서로 생각하는 바가 달랐고 고민하지 않은 문제들이 쏟아져 나왔다. 문제는 공동체 구성원들이 아직 준비되지 않았다는 데 있다. 이 돈을 어떻게 잘 활용할지, 이 돈의 정체가 무엇인지 제대로 모른다는 것이다.

 그래서 일단 작게 해 보기로 했다. 작은 예산부터 단계적인 경험을 할 수 있도록 '마을의 밥상'을 차리는 일부터, 작은 가공식품을 개발해 보는 일부터 차근차근히 해 나가기를, 큰 뜻 없이 그저 둘레둘레 마실 나오듯이, 경로당에서 콩 까듯이 해 보시라 했다. 하지만 마을 사람들은 '돈'이라는 놈 앞에서 욕심이 사나워진다. 더 큰 사업을 해서 더 많은 돈을 지원받고 싶어진다. 미국의 거액 복권 당첨자들 가운데 90% 이상이 불행한 결말을 맞이하는 것처럼 마을사업은 '횡재의 저주'로 전락한다. 저주가 되지 않으려면 어떻게 해야 할까?

마을공동체 사업이 시작됐다.

정말 잘 될 것 같았다.

야심 차게 그 돈만 지원받으면 다 될 줄 알았다.

문제는

돈을 받고 난 뒤 핑크빛 미래가 걷힌 현실에서 시작된다.

돈도 써본 사람이 쓴다고 정해진 시간 내에

공동체가 원하는 대로 마을사업을 진행하기가 참 어렵다.

미국의 거액 복권 당첨자들 가운데

90% 이상이 불행한 결말을 맞이하는 것처럼

마을사업은 '횡재의 저주'로 전락한다.

저주가 되지 않으려면 어떻게 해야 할까?

2

노인들만 하는 사업, 마을의 미래는

"아이구 힘들어. 용돈이고 뭐고 힘들어서 못 하것네."
"우리 부모님 골병들까 봐 마을사업 안 했으면 좋겠어요."

공동체 사업이 활성화되면서 마을 분들에게 종종 듣는 말이다. 마을에 노인들만 있다. 내가 체감하는 마을의 평균 연령대는 70대다. 농촌체험이라도 할라치면 체험 프로그램도 해야지 밥도 해 먹여야지 뭐 선물이라도 청국장 하나씩 줘야지. 한번 치르고 나면 온 동네 어르신들이 며칠을 끙끙 앓는다. 농촌체험, 가공사업 등등 힘에 부칠 수밖에 없다.

게다가 자기 농사를 짓고 이 일을 덤으로 해야 하는 경우가 태반이다 보니, 내 농사처럼 마음 쓰기가 쉽지 않다. 내 일을 제쳐두고 꼼꼼히 챙기는 것도 어려운 일이라 늘 불량이 생기게 된다.

그나마 마을 사무장이라도 있으면 다행이다. 사무장 인건비를 지원받아 진행하던 마을은 지원이 끊기면 저절로 마을사업을 접게 되기 일쑤다.

완주군은 2014년쯤부터 광역사무장을 두었다. 사무장을 쓰기에 일의 양도 많지 않고, 인건비를 부담할 형편이 되지 않는 마을들로부터 신청을 받아서 광역사무장을 지원해 주는 제도다. 당시 3~4개 마을을 한 사무장이 세무, 회계, 배달 등 각종 어려움을 해결하도록 배정하였다. 그것도 뭔가 생산하고 판매가 이루어지는 일부 마을에 국한된다.

대다수 마을들은 이장님이나 개발위원장님이 주축이 돼서 진행한다. 자기 일을 미뤄두고 하시느라 집안 식구들의 잔소리를

듣는 건 기본이다. 현실적으로 몇 분이 주도해 운영하게 되면서 의도하건 의도하지 않건 그 사람이 고용주가 되고, 나머지는 시간제로 일하시는 형태가 되기도 한다. 아예 외부 사람에게 임대하는 일이 벌어지기도 한다. 센터에서 일했던 초기에는 이런 일이 생기면 도덕적으로 옳지 못하다며 딱 잘라 말하곤 했다.

그럴 때면 어르신들이 우리는 더 하기 어렵고 누군가 맡아주니 고맙고, 잘 되면 또 어르신들의 일자리가 될 수도 있고, 외부에서 들어온 젊은 사람이 운영하면 그 외부인의 정착에도 도움이 되지 않겠냐며 에두르셨다. 마을 어르신들이 점점 늙어가고 계신다. 나는 어르신들이 돌아가시면 이 시설들을 어떻게 사용해야 할 것인가를 고민했다.

그런데 마을에 들어와 살며 나의 질문이 바뀐다. 열심히 농사만 짓던 어르신들이 어느 날 몸이 아파 거동이 불편하시게 되면 자식들 집이나 요양원으로 가시게 된다. 여유도 행복도 느낄 겨를이 없이 일만 하시다 가신다. "이 노인들과 함께 하는 마을의 미래는 어떠해야 할까?"가 고민으로 떠오르기 시작한다.

충북 단양 한드미마을에 정문찬 대표는 마을공동체 사업의 남은 숙제는 마을 양로원이라고 한다. 그동안 마을공동체 사업에 동참하느라 고생한 마을 노인들을 위해 안정적으로 여생을 보낼 수 있도록 공동생활주택 '호스피탈리티 움'을 추진하고 있다. 이렇게 해서 농촌유학센터로 유학 온 아이들, 영농조합법인에서 일하는 청년들과 더불어 모든 세대가 어울려 사는 생활공동체를 실현하려는 것이다.[12] 자식들에게 손 벌리지 않고 용돈벌이 한다고 좋아하시는 어르신들, 그 어르신들의 편안하고 행복한 노후 역시 마을이 함께 준비하고 고민해야 할 일이다.

---

12) 충북 단양 한드미마을에는 농촌마을체험 사업을 비롯해 농촌유학센터, 지역아동센터, 마을공동식당 등을 운영하는 '한드미유통영농조합법인'에서 청년, 귀농인들이 일과 삶이 하나 되는 공동체마을을 함께 일구고 있다. (공동체로 탈바꿈하자, 23년 만에 아이가, 오마이뉴스, 2016.01.19.)

마을에 들어와 살며 나의 질문이 바뀐다.
열심히 농사만 짓던 어르신들이
어느 날 몸이 아파 거동이 불편하시게 되면
자식들 집이나 요양원으로 가시게 된다.
여유도 행복도 느낄 겨를이 없이 일만 하시다 가신다.
"이 노인들과 함께 하는 마을의 미래는 어떠해야 할까?"
고민으로 떠오르기 시작한다.

3

마을공동체와 사업 사이

"마을이 부자가 된다고 했다. 군수님이 가난병 고쳐준다고 하셨다."

어르신들끼리 마을사업을 설명할 때 하시는 말이다. 어른들은 마을사업을 통해 부자가 되고 싶어 하셨다. 완주에서 시작된 커뮤니티비즈니스 사업은 마을 사람들이 함께 일하고 같이 돈을 버는 동업같이 오해되기도 했다.

완주의 한 마을이 대규모 사업을 지원받게 되었다. 마을에 체험장과 숙소, 식당이 들어서게 되는 계획이었다. 마을 이장님을 필두로 돈이 있는 분들이 출자했다. 반신반의하는 분들이나 많은 돈을 마련할 수 없는 분들의 경우 참여하지 않았다. 출자금을 내신 분들만으로 영농조합법인을 만들었다. 이후 체험관이 열리고

북카페 보물섬은
다문화 가족 여성들과 함께하는 커뮤니티 공간입니다.
지역 주민들과 함께 다양한 문화 프로그램을 운영하며
휴식과 대화가 있는 따뜻한 문화공간을 만들어갑니다.

관광객들의 방문이 늘기 시작했다. 잘 되는 모습에 참여하고 싶은 마을 분들이 늘어났지만 법인은 회원을 받지 않았다. 투자한 사람들은 투자한 만큼 수익을 뽑아낼 기대가 앞섰다. 참여할 수 없는 사람들은 그 사람들대로, 금방 수익을 낼 것을 기대했던 참여자들은 그들대로 마을은 소란스러워졌다. 마을은 시기와 질투, 갈등이 시작되었다.

　장류사업을 하고 있던 한 마을 이야기다. 이미 몇 년간 지원을 통해 기술을 가진 한 분이 주도해 운영하고 계셨다. 마을사업의 형태를 고민 중에 있었고, 우리는 1인 1표로 최소한의 민주적인 운영이 가능한 협동조합 형태를 제안했다. 마을 사람들은 주도하는 분의 사기가 떨어지지 않게 그 사람이 잘 할 수 있도록 하고 싶다며 우리들의 설명과 설득을 불편해했다. 결국 출자금의 절반 이상을 개인이 투자해 주식회사로 만들었다. 결국 개인이 더 많은 권한과 책임을 지기로 했다. 지금도 기술을 가진 그분을 중심으로 가족기업처럼 운영되고 있다.

'마을공동체'와 '사업'은 원래 운영 원리와 가치가 참 다르다. 공동체는 협력과 연대를, 사업은 이윤 창출과 효율을 우선으로 한다. 그러다 보니 실제 현장에서 이 둘이 자꾸 부딪히게 된다. 효율적으로 더 많은 수익을 내기 위한 방식을 선택하다 보니 모두가 합의하고 결정하고 협력하는 방향으로 이끌 시간과 여유가 없다.

다시 처음부터 되짚어 봐야 할까? 우리가 왜 이 일을 시작했는지? 우리 마을은 무엇을 원하는지? 우리가 원하는 것은 정말 무엇인지? 묻어두기만 해서 그런지 이런 질문이 낯설고 답이 없는 것처럼 느껴진다. 마을 사람들의 이야기를 유심히 듣고 작은 어려움과 고충에 주의를 기울여, 큰 성과가 없어도 작은 변화를 시도해 볼 수 있는 안목과 신념이 필요하다.

'마을공동체'와 '사업'은 운영 원리와 가치가 참 다르다.
공동체는 협력과 연대를,
사업은 이윤 창출과 효율을 우선으로 한다.
그러다 보니 실제 현장에서 이 둘이 자꾸 부딪히게 된다.
효율적으로 더 많은 수익을 내기 위한 방식을 선택하다 보니
모두가 합의하고 결정하고 협력하는 방향으로 이끌
시간과 여유가 없다.

4

마을공동체 사업의 속사정

공무원의 아내인 한 여성이 한적한 시골살이를 찾아 마을로 들어오면서 활기를 찾았다. 마을 사람들은 예의 바르고 선하며 고상한 그이의 말과 태도에 감명을 받았다. 젊고 의욕적인 그녀는 곧 부녀회장으로 선출되었다. 그녀는 새로운 음식을 개발해 마을 어르신들의 심심함을 더는 소일거리를 만들고 용돈을 보태고, 이로써 외지인들이 찾아와 마을 구경을 하고 체험을 하는 등 재밌는 사업을 시작할 거라 했다. 그리고 2년 동안 어르신들과 함께 음식을 개발하고 교육도 받고 천여만 원 규모의 보조금 사업을 진행했다. 그러다가 전라북도에서 지원하는 가공사업장을 짓는 마을사업이 시작되었다. 마을에 공장과 체험장이 들어섰다.

그런데 승승장구, 자연스럽게 이어지던 마을사업에 조금씩 균열이 가기 시작했다. 고상하던 그 여인은 한숨을 자주 쉬면서 격

정스러운 말투로 변했고 힘들어하기 시작했다. 급기야 지역 축제에 참여했던 그 마을은 부녀회장이 돈을 맘대로 쓴다느니, 뒷돈을 챙겼다느니, 이상한 소문이 횡횡하더니 사업이 전면 중단되고 말았다.

2년을 만나온 그 부녀회장은 결국 나에게 '조용히 살고 싶다'고 했다. 당신이 보조금 사업을 운영하면서 재료를 사러 다니고 어르신들과 교육장을 오가면서 '우리를 위한 일'이라고 생각했는데 결국 '내가 잘나서 나만 잘되려고' 하는 일처럼 오해받았다고 했다. 지어진 건물은 방치되었고 서로의 갈등과 오해를 확인하기 위한 노력도 없이 그 일은 마을에서 없던 일이 되었다.

부녀회장도 마을을 위해 하는 일이라고 확신하며 최선을 다했고 마을 사람들도 그녀를 믿고 의지하며 마을사업을 진행해왔다. 함께 같은 목표를 갖고 있다는 동질감 속에서 하던 일들이 어느 순간 '당신만을 위한 일'이라고 매도되는 건 왜일까?

매일처럼 일부 재료를 사러 시내에 나가야 했고, 번거로운 일은 마을 사람들을 생각해서 식구들과 상의하고 도움을 받아서 진행했다. 소득도 안 되는 일에 어르신들을 자꾸 부르는 것이 부담되었기에 당시 그녀의 판단은 최선이었을 수 있다. 마을 사람들은 그렇게 그녀가 알아서 진행하는 것이 당연하게 여겨지면서도 때때로 이 사업에서 소외되고 있다는 느낌을 받았다. 열심히 한 사람이 느꼈을 서운함과 억울함, 그 외에 사람들이 느꼈을 소외감. 이 둘의 감정은 모두 정당하고 모두 최선이었다. 하지만 어느 순간 그것이 정당하지도 최선도 아닌 일이 되어 버렸다. 부녀회장과 마을 사람들이 서로 솔직하게 자신의 최선의 선택과 바람을 드러내면 어땠을까?

처음처럼 우리의 최선이 동질감을 가지려면 어떻게 해야 할까? 오해와 갈등이 깊어지기 전에 각자의 최선을 우리의 최선으로 맞추면 좋겠다. 그 지난하고 골치 아픈 조율을 각오해야만 마을사업을 할 수 있다. 마을은 사업 이전에 함께 사는 사람들 사이의 관계이기 때문이다.

처음처럼

우리의 최선이 동질감을 가지려면 어떻게 해야 할까?

오해와 갈등이 깊어지기 전에

각자의 최선을 우리의 최선으로 맞추면 좋겠다.

지난하고 골치 아픈 조율을 각오해야만

마을사업을 할 수 있다.

5

민원인과 빠꼼이[13] 사이

    마을을 지원하는 사업이 늘어났다. 완주군뿐 아니라 전라북도, 문체부, 농림부, 행안부 같은 중앙부처 지원 사업도 늘어났다. 요즘은 민간 차원에서도 늘고 있다. 게다가 사회공헌을 목적으로 기업에서도 지원한다. 작게는 몇 백에서 많게는 몇 억까지 규모도 다양하다. 완주군은 초기에 공모사업의 대상을 선정하고 협의하는 자리를 가졌다. 마을공동체 사업 관련 부서들이 함께 모여 지원 사업의 내용을 공유하고 어떤 마을이 적합한지 조언을 구하는 자리였다. 이후 조직 개편을 통해 마을 관련 사업을 한 부서로 모으게 되면서 공동체 경험과 준비 정도에 따라 지원하는 체계를 마련해 나갔다.

    연초가 되면 행정, 중간지원조직, 마을 할 것 없이 각종 공모사

---

13) 지원금을 잘 따내는 사람을 이르는 일종의 속어

업을 준비하는 데 열을 올린다. 기금을 유치하는 것이 중요하기 때문이다. 행정과 중간지원조직은 기금의 목적에 맞춰 적합한 공동체를 추천한다. 적합한 사업을 공동체와 함께 구상한다. 잘 기획하는 작업이 중요해지는 순간이다. 그럴듯한 사업, 명분 있는 공동체가 필요하다.

지원기관들 사이에서 공모사업 사냥꾼을 "빠꼼이"라 부른다. 정보를 빨리 알아채고 사업을 잘 따가는 사람을 두고 하는 말이다. 그런데 묘하게 민원인과 "빠꼼이"라 불리는 사람들이 비슷한 모습을 보인다. '우는 아이 젖 준다'는 마음이 깔려있다. 계속 요구해야 얻을 수 있다는 것이다. 마을의 필요와 공동의 이익을 근거로 지원을 요구할 수 있지만 공동체들은 더 많은 지원을 원한다. 비즈니스 모델을 가지고 있지만 시장에서 경쟁력이 낮아 어려움을 겪기 때문일 것이다.

군에서 주최하는 행사에 얼굴도장을 찍고, 관련 부서의 담당자와 연락을 주고받으며 열심히 기회를 잡으려고 노력한다. 지원기관도 사업을 잘 수행하고 성과를 낼 수 있는 믿을 만한 곳을 지원하고 싶기 때문에 지원한 적이 있는 소위 단골을 찾게 된다. 명분 있게 사업의 성과를 만들어 가다 보면 단골손님이 결국 우수고객이 된다. 이런 기회를 얻기 위한 노력이 공동체들의 활동에서 많

은 부분을 차지한다. 주객이 전도된다. 사업을 공모하는 과정에서 '선정'이 목표가 되고, 선정 이후에는 계획대로 '잘 수행하는 것'이 목표가 된다. 행정과 중간지원조직도 기금을 가져오는 것이 중요한 지원이라고 생각하기 때문에 공모사업에 해당 마을이나 공동체만큼 적극적이다. 현실에서는 이것이 지원기관의 성과로 여겨지기도 한다.

 늘 목표는 주민들의 화합이 우선이지만 공모사업을 지원하고 수행할 때 이것을 고려할 여유가 없다. 마을 사람들 개개인의 요구를 듣고 서로를 배려하기란 여간 힘든 일이 아니다. 그러다 보니 갈등을 무마하거나 무시하게 된다. 결국 갈등이 터져 나온다. '돈'이 '독'이 되는 순간이다. 공동체 내부에 단단한 신뢰를 가지고 있거나, 사람을 중심에 두고 지원 사업을 잘 조절할 수 있는 리더가 있지 않은 한 많은 사람들이 기금과 지원기관에 휘둘리게 된다.

 적절한 단계에 적절한 '돈'은 필요하다. 이런 지원을 통해 건강하게 성장한 곳들이 있다. 그러나 지금 같이 행정이나 지원하는 기관이 많은 권한을 가지고 있는 한 주민들은 민원인과 빠꼼이 사이에서 줄타기를 하거나 아예 이런 지원에 냉소적이거나 무관심하게 된다.

늘 목표는 주민들의 화합이 우선이지만
공모사업을 지원하고 수행할 때 이것을 고려할 여유가 없다.
마을 사람들 개개인의 요구를 듣고 서로를 배려하기란
여간 힘든 일이 아니다.
그러다 보니 갈등을 무마하거나 무시하게 된다.
결국 갈등이 터져 나온다. '돈'이 '독'이 되는 순간이다.
기금에 휘둘리지 않으려면
공동체 내부가 탄탄해야 한다.

6

마을사업 10년 후

"완주에 땅 없나요?"

예전엔 '완주'라고 하면 알지 못하던 사람들이 태반이었다. 요즘은 완주라고 하면 다들 아는 체하며 살기 어떠냐며 묻는 이들이 늘었다. 주변에 땅이 있냐며 귀촌하고 싶다는 사람들이 있다. 그야말로 완주는 마을공동체 사업을 비롯해 로컬푸드 등 다양한 정책 사업들이 성과를 내면서 알려지기 시작했다. 2013년 즈음부터는 젊은 사람이 많아졌다는 것이 피부로 느껴질 정도다.

농가 레스토랑, 체험마을 등 마을사업이 유명해지고 수익이 오르기 시작하면서 마을의 땅값도 오르기 시작했다. 동네 어르신들은 일자리가 생기고 땅값이 오르니 일석이조라고들 했다. 하지만 마을로 들어오고 싶은 젊은 귀농·귀촌자들에게는 문턱이 너무 높아졌다. 마을의 미래를 위해 젊은이들을 고려하기보다는 눈앞의 이익이 더 중요한 것일까 싶다.

도시재생과정에서 일어난 젠트리피케이션(gentrification)[14] 문제는 이미 익숙한 주제가 되었다. 농촌에도 비슷한 일이 벌어지고 있다. 사유지이지만 마을의 자원인 편백나무 숲을 활용해 마을 사람들이 작은 음식점과 판매장을 운영했다. 면은 작은 족욕장을 만들어 주민들의 노력을 거들었다. 이곳이 유명해지면서 마을 사람들은 개별적으로 음료나 음식 농산물을 판매하기 시작하였다. 공동사업은 흐지부지되었다. 그 후 이곳에 카페와 펜션 등이 들어서기 시작했다. 유명세를 타자 원주민들은 땅을 팔고 나가고 큰 자본들이 들어오기 시작했다. 완주군이 매입하려던 편백나무 숲이 개인에게 넘어가면서 개발의 속도는 점점 빨라졌다. 마을 주민들은 온

---

14) 낙후된 구도심 지역이 활성화되어 중산층 이상의 계층이 유입되면서 원래의 거주자들이 다른 지역으로 내몰리는 현상을 말한다.

데간데없고 오래된 작은 집들을 따라 올라가던 좁은 길의 풍경도 다 못 쓰게 되어 버렸다.

빈집을 공짜로 빌려주던 일은 옛일이 되었다. 군에서 지원하는 귀농·귀촌인을 위한 빈집 리모델링 사업을 한다면서 지금 살고 있는 귀촌인을 당장 나가라 하는 일도 벌어졌다. 이런 우려가 곳곳에 나타났다.

중단된 마을 사업의 경우 마을에 지원된 것을 어떻게 처리할지에 대해 골머리를 앓고 있다. 문을 닫은 마을이나 사업의 경우 집기를 회수한다. 그런데 그것도 처리가 곤란하여 애물단지다. 유사한 공동체가 생길 경우 다시 사용하면 되지만 그렇지 않은 것은 결국 창고행이다.

특히 시설들이 문제다. 그나마 컨테이너로 지은 것은 필요한 곳에 옮겨질 수 있으나 건물은 옮겨 올 수가 없다. 문을 닫은 마을의 경우 시행 10년이 되자 소유관계의 문제가 생긴다. 사용하는 사람과 소유주가 다를 경우 임대료를 올리거나 소유주 맘대로 운영된다. 한 마을의 가공시설은 이장님 마당에 지어졌기 때문에 마을 분들이 사용하기에 부담스럽게 되었다. 원래는 마을의 것인데 이장님 소유가 되어 버린 경우다.

공모사업 초기에는 마을 대부분이 공유 부지가 없기 때문에 10년간 '무료 사용승낙서'를 첨부하도록 했다. 이런 경우에 10년 후 토지 소유주와 계약을 갱신하거나 협의하도록 권고하고 있다. 그렇지만 현실에서는 소유관계가 불분명해진다. 법인이라도 있으면 같이 협의라도 할 수 있지만 그렇지 않은 경우 땅 주인에게 유야무야 넘어가게 된다. 사용 연한이 지난 한 숙박체험시설의 경우 땅 주인의 가족이 사용하면서 임대까지 하는 것을 본 적이 있다.

그렇지 않은 경우라도 무상기간이 끝난 후 어떻게 될까? 이곳을 마을 주민들이 사용하고 공유할 수 있도록 할 수 있을까? 공적 자금으로 토지를 사거나 제공해 주고 시설 건축비를 자부담으로 하자는 이야기도 있었다. 그러면 그나마 개입의 여지라도 있지 않을까? 마을사업이 지나간 뒤 땅값이 올라가고 젊은이들은 더 들어올 수 없게 되고 마을 사람들은 더 이기적이고 배타적이 되어 가는 것은 아닐까 우려된다. 마을사업 사후 관리에 대한 고민이 필요하다. 마을 어르신들께 당부의 말씀을 올리고 싶다.

"어르신들, 마을사업 하시느라 고생이 많으셨습니다. 어르신 소유의 땅값이 올라가고, 어르신이 돌아가신 후 다시 도시에 사는 자식들에게 넘어가고, 어느 날 갑자기 또 다른 도시 사람이 나타나 대형 태양광 단지가 되거나 혐오 시설이 들어오거나 마을과 상관없는 시설을 짓는다면 어떻게 될까요? 제발 어르신들의 할아버지의 할아버지가 살아오신 이 땅을 지키며 살아 보려는 사람들에게 투자해 주세요."

마을 주민들은 온데간데없고 오래된 작은 집들을 따라 올라가던
좁은 길의 풍경도 다 못 쓰게 되어 버렸다.
빈집을 공짜로 빌려주던 일은 옛일이 되었다.
마을사업이 지나간 뒤,
땅값이 올라가고 젊은이들은 더 들어올 수 없게 되고
마을 사람들은 더 이기적이고 배타적이 되어 가는 것은 아닐까?

5장

공모지원 사업의 안과 밖

1

함께 행복하기 위한 공모지원 사업

    마을공동체 사업은 이제 공모사업으로 이야기된다. 행정기관과 중간지원조직 활동가들은 마을이 마음을 모아 함께 하는 사업을 이 지원금을 통해 시작해 보라고 홍보한다. 마을 사람들은 돈이란 놈이 무섭기는 하지만 이왕 준다는데 한번 잘 써보자고 모인다.

    "무엇을 함께 할까?" 고민하면서 가장 먼저 다른 동네 사례들을 살펴본다. 대개 마을에서 할 수 있는 부분들이 제한적이기도 하지만 검증된 수익 모델을 찾으면 그쪽으로 기울어진다. "어느 마을에 이거 해서 돈 벌었대~" 이 말 한마디로 사업이 결정된다. 이렇게 마을 주민들이 그럴듯한 사업을 골라 공모지원 사업에 제안한다. 우리는 계획서를 검토하고 처음부터 다시 시작한다. 마을의 자원을 찾아보고 설득하는 과정을 거쳐 할 수 있는 일로, 그동안 해 오신 일로 조정하기에 바쁘다. 그렇게 조정해도 실상은 함께, 대규모로 해보지 않았기 때문에 많은 시행착오를 거치게 된다.

완주군의 마을공동체 공모사업은 '작은 마을 밥상'을 차려보는 일부터, 상품을 개발하고, 가공 시설을 만들고, 최종적으로 6차 산업으로 확장하는 단계로 구성되어 있다. 이 사업은 작게는 백만 원에서부터 많게는 몇 억 또는 몇 십억을 지원하기도 한다. 이렇게 공모사업이라는 분명한 목적이 생기다 보니 개개인들의 일상적인 고민과 필요보다는 공모사업에 맞춰 진행하게 된다.

정작 마을 주민들은 일상적으로 겪는 문제들을 함께 해결해 본 경험이 거의 없다. 민원을 넣거나 힘 있는 누군가에게 부탁해 일

을 처리하는 것이 훨씬 빠르고 효과적이었기 때문이다. 작년에 다른 지역 주민자치위원들과 주민 참여 예산 발굴 과정을 도와드렸다. 그때 나온 아이디어는 대개 민원이거나 또는 이해와 관계된 일들이 주를 이루었다. 좀 더 구체적으로 들어가 그 문제들을 실행에 옮길 때는 행정에서 해결해야 한다거나 예산이 없다거나 하는 힘 빠지는 말만 되돌아왔다.

그동안 마을공동체 사업 발굴에서는 주민들이 생활에서 느끼는 문제들을 드러내 놓고 공감하고 소통하는 과정이 빠져 있었다. 그 과정이 충분하지 않은 상태에서 제안된 빛나는 공모 제안서는 필히 갈등의 불씨가 되었다. 공론의 장을 통해 서로의 공감대가 넓어지면서 개개인의 사적 이해관계가 지역 사회의 공적 과제로 합의된다. 이러한 과정이 지역 사회의 건강성을 지켜주는 공공성의 바탕이 된다. 이런 과정이 빠져버린 공모사업은 출발부터 위험하다. 공론의 장은 친밀한 이웃들 사이의 소소한 수다에서부터 지역 사회의 공식 회의에 이르기까지 크기와 공식성의 정도는 매우 다양하다. 이런 다양한 소통과 합의 과정이 사업보다 우선되어야 한다.

2011년 센터에서 주관하여 '에너지 포럼'을 만들었다. 기름값 문제에서부터 에너지의 미래까지 다양한 이야기들이 오고 갔다.

그 과정에서 필요한 일들을 찾게 되었고 현재 3개 정도의 에너지 관련 협동조합이 만들어졌다. 개개인의 어려움을 공공의 문제로 함께 논의할 수 있는 과정이 필요하다. 더 나아가 개별 마을 간의 경쟁이 아니라 생활권을 둔 읍, 면 단위 차원에서 함께 대안을 찾아가는 과정으로 마을공동체 사업이 자리하면 좋겠다. 우리가 원하는 것은 성공한 마을이 아니라, 함께 행복한 개인, 마을, 지역이기 때문이다.

개개인의 어려움을 공공의 문제로
함께 논의할 수 있는 과정을,
개별 마을 간의 경쟁이 아니라
생활권을 둔 읍, 면 단위 차원에서
함께 대안을 찾아가는 과정으로
마을공동체 사업이 자리하면 좋겠다.
우리가 원하는 것은 성공한 마을이 아니라,
함께 행복한 개인, 마을, 지역이기 때문이다.

2

인간적인 심사 과정

숟가락 공동육아를 경험하면서 나는 180도 다른 상황에 놓이게 되었다. 지원하는 입장에서 지원받는 입장이 되었다. 그 차이는 꽤 컸다. 숟가락 공동육아 이름으로 완주군 공동체 사업 선정 심사를 받으러 간 적이 있다. 세 돌 된 아이가 엄마와 안 떨어지려고 떼를 쓰는 바람에 조금 늦게 도착했다. 세 명의 심사위원 앞에서 숨을 헐떡이며 발표하고 질문에 답했다. 정신이 없었다. 그나마 이런 자리가 익숙한 터라 그럭저럭 마칠 수 있었다. 처음 이런 상황을 겪는 사람들은 어떨까? 심사위원들이 쭉 늘어선 방에 혼자 들어가 긴장된 마음으로 무슨 얘기를 했는지도 모른 채 떨다 나오지 않을까? 질문을 받으면 더 난감하다. 심사위원은 내가 부족한 부분이나 우려하는 부분을 어김없이 지적한다. '아~ 이런 얘기를 빼먹었다'는 상황을 곱씹으며 후회를 하기도 하고, 너무

과하게 부풀려서 과장한 건 아닌지 찜찜할 때도 있다.

 지원받을 수 있는 기금이 다양해졌고 많은 공동체들이 기금을 활용하는 데 적극적으로 변했다. 공모사업을 기획하고, 쓰고, 발표하는 것이 중요한 일이 되었다. 지원을 신청한 사람으로서 공모한 기관의 요청에 응하는 것은 너무나 당연한 일이다. 1차 서류 심사를 통과했다는 기쁜 소식이 전해진다. 서울로 발표를 하러 가는 것은 뿌듯하고 설레는 일이다. 그런데 3시간을 넘게 달려가 수많은 발표자 사이에서 30~40분을 기다린 후에야 고작 10분 발표하고 나온다. 심지어 그것조차도 발표 시간이 길다고 하면서 중간에 끊고 질문이 들어온다. 결과가 좋으면 상관이 없지

만 떨어졌다는 비보(悲報)가 전해지기라도 하면 오며 가며 차비에 식비에 하루를 허비한 시간 등 본전 생각이 난다. 실제 영세한 공동체 사업자들의 경우 비록 한 사람이 빠지는 것이라도 그리 간단한 문제는 아니다. 생산이나 배달을 하루 미뤄야 하는 상황이 올 수도 있고, 그날 자신이 처리할 일을 대체해 줄 사람이 없다면 피곤한 서울행을 마치고 돌아와 밤늦게까지 일을 마무리해야 하는 경우도 있다. 지원금을 받으려면 그 정도는 받는 사람들이 감내해야 한다고 말할 수도 있다. 하지만 처지가 다르면 생각도 다를 터이다. '역지사지(易地思之)'란 말이 유독 정겹게 들린다.

공모사업에 선정되려면 자신들의 목표와 지원 내용을 설명하고 설득하는 과정을 충실하게 이행해야 한다. 최근 공모사업 등 지원제도는 더 다양해지고 많아졌다. 하지만 설명과 설득 과정에 능한 사람들만 접근하게 되고, 일상이 바빠 이런 작업을 충실하게 수행할 수 없는 단체들은 이와 같은 번거로운 과정 때문에 공모사업에서 멀어지게 된다. 지원자들의 처지를 고려하고 배려하면서 다가간다면 진정성 있는 사람들이 더 많이 참여할 수 있게 될 것이다. '몇 푼 안 주면서 엄청 생색낸다'는 오해를 받지 않고 새로운 파트너로 서로 새로운 인연을 만들어 간다면 얼마나 좋을까?

작년에 '아름다운재단'에서 진행한 '변화의 시나리오'라는 공모사업에 응모한 적이 있다. 서류도 무척 간단했다. 1차 서류심사를 통과했다며, 현장으로 내려오겠다고 했다. 으레 심사위원들과 함께 현장심사를 오나 보다 했다. 그런데 실무자 2명만 왔다. 심사위원들이 미리 작성한 심사지를 통해 심사위원들의 질문 내용을 지원자에게 묻고 부족한 부분을 추가로 확인하기 위한 과정이라고 했다. 우리의 대화는 1시간을 훌쩍 넘겼다. 현실적인 고민도 나누고 우려도 솔직하게 이야기하게 되었다. 그 과정에서 나는 아직 이 사업을 지원받기는 이르다는 생각이 들었고 결과는 내 예상대로였다. 그렇지만 화가 나거나 속상하거나 하지 않았다. 그들은 내가 사는 곳으로 찾아와, 내가 하고 싶은 이야기를 할 충분한 시간을 주었고 솔직한 이야기를 주고받으면서 실무자들의 배려와 존중을 느낄 수 있었기 때문이다. 서운하기는 했지만 담담히 받아들일 수 있었다.

사실 현재의 준비된 상황이 지원받을 수 있는 수준인지 아닌지는 자신이 제일 잘 안다. 그 과정을 만들어 준 것이 실무자들과의 대화의 과정이었다. 많은 심사위원들 앞이 아니라 편안한 공간에서 진지하게 내 이야기를 나눌 수 있었던 과정이 나의 상황을 파악하게 도왔고 그 결과에 대해서도 순순히 받아들일 수 있는 마음의 준비를 하게 했던 것 같다.

그동안 기획자로서의 나의 경우를 돌이켜보면, 심사위원들을 한데 모아 모시기 어려운 그분들을 배려하는 데 더 마음을 썼던 것이 사실이다. 심사위원의 입장에서 보면, 낯선 다른 사람들 속에서 질문을 던져야 하고, 또 누군가를 끊임없이 판단해야 한다는 것은 몹시 어려운 일이다. 내가 처음 심사를 했던 때가 기억난다. 심사위원도 사람인지라 하루 종일 심사가 이어지면 시간이 지날수록 질문이 적어지고 빨리 시간이 지나가기를 바라게 된다.

게다가 기존의 심사위원들과 서로 안면이 없는 초짜 심사위원은 긴장되어 질문 하나 던지기도 무척 어렵다. 설령, 수많은 계획서를 미리 읽고 왔다고 하더라도 어떤 사업을 선정하는 것이 옳은지 헷갈리게 되고, 또 그러한 상황이 길어지면 당혹스럽기까지 하다. 발표를 듣고 질문과 메모를 하다가 결국 마지막 발표자의 심사가 끝나자마자 심사표를 내야 한다는 것을 알고는 무척 당황했던 적도 있다. 연필로 썼다가 점수를 계산하고 다시 수정하고 땀을 뻘뻘 흘렸다. 내 실수로 좋은 공동체가 떨어지면 어떻게 될까 전전긍긍했다. 그런데 다른 심사위원들은 능숙하게 기준을 두고 계산하기 편하게 점수를 주고 금세 순위가 정해질 수 있도록 정리하는 것을 보고는 감탄스러웠다. 반면 당황하는 나의 모습에 스스로 부끄러웠다.

심사위원이 사전에 그 지역과 공동체에 대한 충분한 이해가 있는 경우라면 문제가 적지만, 그렇지 않은 경우 계획서와 그날의 발표만으로 단숨에 평가하기란 쉽지 않다. 공신력 있는 저명한 분들을 모시는 경우, 그분들의 바쁜 일정 때문에 미리 계획서를 읽고 오지 못하는 상황도 있다 보니, 당일 지원자의 발표에 의해 선정 여부가 좌우되는 경우가 많다. 있는 그대로의 고민과 애로사항을 솔직하게 나누고, 그래서 정말 필요한 것이 무엇인지 함께 고민하며 방법을 찾아가는 심사과정이 중요하다. 사업도 사람이 수행하는지라 '사업'이 아니라 수행하는 '사람'에 대한 진정성, 고민, 꿈을 가지고 지원하고 함께 성장할 수 있는 공모 과정으로 기준이 바뀌어야 한다.

있는 그대로의 고민과 애로 사항을 솔직하게 나누고,
그래서 정말 필요한 것이 무엇인지
함께 고민하며 방법을 찾아가는 심사과정이 중요하다.
사업도 사람이 수행하는지라 '사업'이 아니라
수행하는 '사람'에 대한 진정성, 고민, 꿈을 가지고 지원하고
함께 성장할 수 있는 공모 과정으로 기준이 바뀌어야 한다.

3

교육 기획자의 역할

  2016년 내가 속해 있는 '숟가락 공동육아모임'은 완주군이 지원하는 창업공동체로 선정되었다. 선정되고 나서 보조금 신청서와 청렴서약서를 제출했다. 그리고는 선정된 창업공동체들의 교육이 있다고 참여하라는 연락을 받았다. 교육시간은 오전 10시부터 6시까지였다. 숟가락 엄마들에게도 참여하라고 했다. 아이를 데리고 있는 우리 엄마들에게는 온종일 있어야 한다는 것 자체가 부담이었다. 4명의 엄마와 4명의 아이가 출석했다. 답답해하는 아이들 때문에 우리는 들락날락하거나 앞자리에 앉았다가 점점 뒷자리로 물러 나왔다.

  교육이 진행되면 진행될수록 앞에 서서 진행하던 내 생각이 떠올라 집중이 되지 않았다. 앞에 서서 진행했을 때의 입장과 교육받는 자리에 앉아 있는 지금 거리는 1미터도 채 되지 않았지만 너무 멀게 느껴졌다. 완주군의 정책을 소개하고, 완주군 마을공동체 협의회 이름 만들기 워크숍도 하고, 예산 사용 방식에 대한 설명을 듣고, 마지막으로는 관련 부서 공무원들의 멘토링도 받았다. 한 번이라도 꼭 들어둬야 한다며 목소리를 높인다. 그런데도 아직 창업공동체들은 무슨 소린지 이해하기 어렵다. 반면에, 행정기관과 중간지원조직은 많은 창업공동체를 일일이 상대할 수 없는 데다, 미리 이야기해 두어야 사후 발생할 문제들을 예방할 수 있기 때문에 이렇게 한데 모아 놓고 하는 교육이 편할 법도 하다.

    나만 해도 그랬었다. 늘 명강연자를 엄선하고 섭외하고 전문 퍼실리테이터(Facilitator, 촉진자)를 붙여 교육생들이 공감하지도 않는 '공공성', '민주성' 등의 메시지를 전달하는 데 목을 맸다. 교육 시간이 늘 부족했지만, 그런 강도 높은 교육에 뿌듯해했다. 그런데 막상 내가 교육생으로 앉아 있어 보니 어르신들은 얼마나 힘드셨을까? 앉아있는 것만으로도 힘들 텐데 그 수많은 정보와 메시지까지 이해하느라 머리가 얼마나 고단했을지 이해가 갔다. 그러니 그냥 앉아만 있다가 가거나 중간에 상황을 보아 살짝 빠져나가셨던 것이다. 학교 선생님은 떠들고 아이들은 자는 교실 풍경을 똑 닮았다.

    공공성이 중요하다고, 민주적으로 운영하라고, 공동체들 사이

의 연대가 중요하다고 이야기해 왔다. "우리도 알아! 몰라서 못하나~~"라는 말을 들으면 "공동체라면~~ 최소한~~"이라고 응수하며 그분들의 이야기를 변명처럼 들었었다. 실무적인 처지에서 보면 객관적이고 맞는 이야기라 하더라도 듣는 입장에서는 지적하거나 비난하는 말로 들려 불편함을 느꼈을지도 모른다.

나는 내가 신나서 프로그램을 기획했고 늘 우리는 "~해야 한다"라는 서론에만 머물렀다. 현장에 맞게 사람들에게 필요한 설명에 해당하는 본론은 더 들어가지 못했다. 우리는 서로를 잘 몰랐다. 현장의 상황도 내부자가 아닌 이상 속속들이 그 사정을 알 수 없었다. 원론적인 원칙과 지원 내용에 머물러 주변만 맴돌았다. 그것이 공동체를 대상으로 하는 교육이라 여기면서 말이다.

숟가락 공동육아 모임을 진행하면서 이제야 조금 이해가 된다. 우리가 했던 교육이 아주 일방적이었다는 것을. '공동체 교육'이라는 이름으로 원론적인 공동체에 대한 이해부터 실무적인 회의 기법, 홍보, 마케팅, 재무, 회계 등의 교육에 이르기까지 이것이 얼마나 부질없는 것인지를. '알고 있다'는 것이 '실제 할 수 있다'는 것은 아니라는 것을. 시간과 노력이 필요하다는 것을. 내부의 뜻있는 몇 사람의 헌신이 얼마나 중요한지를. 저마다 다른 계기로 유대감이 생겨나 저마다 다른 사정에 맞춰 역할을 하게 된다는 것을.

어려운 일이지만 돈 잘 벌고 멋진 성과를 내는 공동체보다 서로 없으면 섭섭한 공동체가 더 중요하다. 그런 사실에 공감하고 지원 방법을 모색했어야 했다. 그것을 보여주고 그렇게 될 수 있도록 격려했어야 했다. 늘 사후 약방문처럼 갈등 조정이니, 회의 기법이니, 비폭력 대화니 하며 뜬구름 잡는 방식으로 원론적인 수준에서 공동체의 문제를 지적하고 대안인 것처럼 좋은 본보기들만 늘어놓았었다.

대단한 사람들의 강의가 중요한 것은 아니다. 옆에서 우리가 아는 정도로 우리가 겪어 이해 가는 정도로 알음알음 서로 해결해 나갈 수 있는 정도면 족하다. 오히려 공동체 속에서 서로 아껴주고, 격려하고, 응원해줄 수 있는 동료가 필요하다. 그 동료들이 거울이 되어 자신과 서로를 비춰줄 수 있을 것이다. 그때는 이것을 몰랐다. 그저 경쟁과 시기의 대상이 되더라도 행정만 중요하게 여기는 묘한 분위기를 그대로 두고 볼 뿐이었다.

우리 옆집에 '완두콩'이라는 마을 신문사가 있다. 여러 가지를 도와주고 또 함께 해결하고 있다. '완두콩'과 '숟가락 공동육아'의 관계처럼 공동체들끼리 인간적인 관계를 만들어 내는 것이 더 중요한 과제라는 것을 이제야 깨닫는다. 늘 이론적인 교육에만 매몰되어, 천천히 서로 인간적인 관계를 맺을 수 있는 식사나 차 한 잔할 시간조차 여유롭지 못했다. 그야말로 '뭣이 중헌지' 몰랐다.

대단한 사람들의 강의가 중요한 것은 아니다.
옆에서 우리가 아는 정도로
우리가 겪어 이해 가는 정도로
알음알음 서로 해결해 나갈 수 있는 정도면 족하다.
오히려 공동체 속에서 서로 아껴주고, 격려하고,
응원해줄 수 있는 동료가 필요하다.
그 동료들이 거울이 되어 서로를 비춰줄 수 있을 것이다.

4

서류로 말하는 사업의 한계

공동체 사업이 선정된 뒤에는 서류로 말해야 한다. '돈을 어떻게 썼는지? 어떤 사업을 했는지? 준비 과정은 어땠는지?' 확인할 수 있는 영수증이나 증거 사진, 내용 기록, 참여한 사람의 서명까지 그때 그 일을 했다는 것을 설명해야 한다. 하나라도 빠지면 만들어서라도 채워 넣어야 한다. 이 외에도 지원된 예산이 잘 쓰이고 있는지 평가하는 일까지 서류로 설명하고 보여주어야 한다.

센터에서 일하던 때 일 년에 두 차례 '마을공동체 추진 현황표'를 작성하고 행정에 보고했다. 당시 현황표에 기재해야 할 내용은 20여 가지나 되었다. 주 내용은 '고용인 수, 납품처 수, 매출금액, 영업인허가 여부, 홍보 마케팅 내용과 횟수, 회의 내용 및 횟수' 등이었다. 위원장님의 목소리는 점점 작아지고 꼬치꼬치 질문하는 나의 입장도 심히 겸연쩍었다. 내가 마치 그 공동체의 경영 성과를 점검하는 것 같아 미안했다. 입장이 바뀌어 나도 현황표와 평가표를 작성하는 입장이 되어 보니 갑자기 작아지고 뭐라도 적어내야 할 것 같은 부담감이 들었다. 이런 서류가 우리 공동체의 고민과 성과를 잘 반영할 수 있는 것인지 부질없게 느껴졌다. 이 복잡하고 세세한 서류상의 물음들은 세금으로 지원한 이 사업을 잘 하고 있다는 단지 지원기관과 당사자 사이의 위안일 뿐이다.

　이런 상황을 잘 알고 있는 나는 공동체 사업을 지원할 때 최대한 간단하게 서류를 작성할 방도를 생각해냈다. 계획서를 쓸 때부터 나중에 낼 서류 작성을 염두에 두었다. 상황이 변경되어도 변경된 상황을 서류에 집어넣기 편하게 사업을 짰다. 그리고 실제 사업을 진행하면서 미리 받아야 할 영수증과 서류를 꼼꼼하게 챙긴다. 만일 하나라도 빠지게 되면 또다시 전화를 해야 하고 여러 사람이 번거로워지기 때문이다. 그나마 나는 이런 서류에 익숙해서 공동체 사업을 진행하기가 덜 부담스러운 편이다. 그런데 처음으로 공동체 사업을 하는 곳들은 증거 자료나 관련 서류를 꼼꼼히 챙겨가며 해 나가기가 쉽지 않다. 그러다 보니 두 번 세 번 서류를 다시 만들기 일쑤다. 왜 이렇게 복잡하냐며 공동체 분들이 번번이 화를 내기도 했다.

센터 초기에 공동체 수가 적었을 때는 거의 공동체의 일원처럼 일했다. 그러니 금세 깊숙한 관계가 되었다. 초기에는 서류로 설명할 것이 많지 않았을뿐더러 내부 사정을 잘 알았기 때문에 우리도, 당사자들도 서류에 대한 부담이 적었다. 점점 관리해야 하는 공동체 사업의 수가 많아지고 새롭게 바뀌는 담당 공무원들이 이해하기 쉽게 관리카드, 현황표 등을 만들어야만 했다. 그러면서 어쩔 수 없이 센터도 공동체 사업장에 관리자의 입장으로 물어야 했고 객관적인 자료를 반복하여 요청했다. 그러다 보니 점점 관계는 옅어지고 사무적인 일들만 쌓여갔다.

서로가 서로를 파트너로 여기기보다는 서류를 주고받으며 갑

을관계로 만나는 느낌이 들기도 했다. 서류가 누락되거나 제대로 설명되지 않는 부분을 지적받으면 성질 사나운 감독관을 만난 것처럼 긴장되고 뭔가 잘못한 느낌이 든다. 그러다 보니 솔직하게 내부 상황을 드러내기가 꺼려진다. 그런 상황이 반복되면서 점점 지원하는 기관과 공동체 사이의 거리가 생긴다. 공동체 사업 당사자들은 중간지원조직이나 행정기관에서 요청하는 일들이 과외 업무처럼 느껴진다. 당사자들이 필요로 하는 일에는 정작 별 도움을 받기 어렵다. 당사자들에게는 공동체 내부의 사소한 갈등에서부터 설명하기도 어려운 법적인 문제에 이르기까지 일상적으로 함께 고민하고 그때그때 손을 보태 함께 해결할 사람이 필요하다. 공동체 사업을 하는 당사자들은 그렇지 않아도 힘든데 피부에 와닿지 않는 지원기관이 한다는 교육, 컨설팅, 멘토링 등은 고맙기는커녕 짐스러울 때가 많다.

중간지원조직도 서류가 많기는 마찬가지다. 군과 같은 방식으로 서류를 작성하다 보니 생전 처음 보는 품의서, 지출결의서, 청구서 등을 하루에도 수십 장씩 만들어야 했다. 서류 작성에 힘쓰고 익숙해지다 보니 왜 똑같은 서류를 계속 만드는지 문제의식마저 사라졌다. 서류만 맞추면 서로 안심하는 상황이 되어 버린다. 더 이상의 관여도 문제 제기도 없이 그저 그렇게 한 해 공모사업을 마무리한다. 그리고 또 한 해가 갔다고 안도한다.

마을공동체 사업은 마을이 돈을 벌려고 하는 일이기 이전에 마을공동체를 살리기 위한 일이다. 지원하는 행정기관이 마을공동체에 관하여 속속들이 알기는 어려운 일이다. 서류로 형식을 강조한다고 마을공동체가 견고해진다고 말할 수 없다. 형식이 늘어나면 챙겨야 할 서류가 많아지고 실무자들은 다시 그 안에서 헤매고 만다. 사무실 안에서가 아니라 밖으로 나가서 당사자가 필요로 하는 것을 가지고 지원할 방법을 거꾸로 찾아내어 그것으로 지원하고 제안해 보면 어떨까? 그렇게 되면 마을공동체를 꾸리려는 사람들에게 정말 도움이 될 것이다. 적합한 기금에 맞는 더 많은 사례를 찾아내어 그동안 행정기관이 생각지도 못한 좋은 모델을 발견하고 그것으로 지원책을 마련한다면 여러 가지 사회적 비용을 줄일 수 있을 것이다.

서류로 형식을 강조한다고
마을공동체가 견고해진다고 말할 수 없다.
형식이 늘어나면 챙겨야 할 서류가 많아지고
실무자들은 다시 그 안에서 헤매고 만다.
사무실 안에서가 아니라 밖으로 나가서
당사자가 필요로 하는 것을 가지고 지원할 방법을 찾아내어
그것으로 지원하고 제안해 보면 어떨까?

5

마을을 위한 공모지원 사업

공동체 사업이 선정되고 나면 서류를 제출하고 지원금을 받을 통장을 만든다. 보통은 일 년 중 3~4월경에 사업이 확정된다. 이때는 농번기가 시작되는 때라서 정신없이 농사일하고 있다 보면 여름이다. 그러니 중간보고를 하려고 해도 아직 진행한 것이 없는 경우가 다반사다. 행사라도 하려면 저녁 늦게라도 모여 음식은 뭘 할지, 누구를 초대할지 궁리해야 한다. 결국, 이야기만 나누다 그냥 이장이 결정하라고 하고는 다들 피곤한 몸을 이끌고 돌아들 간다. 우리 마을에서도 이전에 비슷한 잔치를 해 본 경험이 있으니 그저 푸짐한 음식을 대접하면 된다고 생각한다. 그런데 마을 잔치와 마을사업은 다르다. 특히 사업 규모가 커질수록 할 일이 많고 복잡해진다.

한 예를 보자. 청국장을 알음알음 만들어 팔던 한 마을이 가공

공장을 짓는 사업에 선정되었다. 처음에 마을 분들이 모두 좋아하셨다. 가공 공장을 지으면 청국장 판매가 수월해질 것이기 때문이다. 그런데 차차 생업에 바쁜 마을 분들의 참여가 뜸해지기 시작한다. 시간이 더 지날수록 마을지원 사업은 마을 구성원의 사업이 아닌 것처럼 된다. 이장님이나 개발위원장님이 주도하는 개인 사업이 되어간다. 올해 안에 설계, 건축, 내부 설비, 영업 허가까지 다 맡으려면 이것저것 신경 쓸 일이 한두 가지가 아니다. 그나마 컨설팅 비용이라도 있으면 외부 전문가에게라도 도움을 받을 수 있을 텐데 그렇지 않은 경우 마을의 누군가가 도맡아서 이리저리 연락하고 뛰어다녀야 한다. 이 때문에 공모지원 사업에 선정된 어떤 마을 위원장님은 이런저런 걱정에 밤잠을 잘 수 없다고 하실 정도다. "이거 짓기는 짓는데 이제 운영은 어떻게 하냐고." 푸념을 늘어놓으신다. 이렇게 걱정이라도 하는 분이 있는 마을은 그나마 나은 편이다. 일단 짓고 보자는 생각밖에 없는 경우가 태반이다.

처음에 계획했을 때의 마음과 다르게 다들 각자의 일로 바쁘다. 마을 분들은 바빠서 구체적인 내용을 이해할 여력이 없다. 사업 담당 직원들은 위원장님과 건축업자 사이만큼도 마을 분들과 소통하지 못한다. 어느 순간 마을 분들과 상의해서 일을 추진할 수가 없게 된다. 그러다 보니 점점 시간적인 여유가 되거나 이 일에 열의가 있는 분들 몇 분을 중심으로 사업이 진행된다.

공모지원 사업이 이렇게 진행되다 보면 사업이 관계를 잡아먹는 순간이 온다. 계획서상 꼭 해야 하는 일이 우리가 하고 싶은 일을 덮치는 순간이 온다. 사람들은 지치게 되고 마을 일꾼들의 부담은 커진다. 뭐 나오는 것도 없는데 자꾸 부른다고 투덜거리는 주민들과 열심히 참여해야 뭐라도 얻을 수 있다고 말하는 공동체 리더 사이에 좁히기 힘든 간격이 생긴다.

어떤 선택이 옳을까? 우리는 명분과 목적만으로 움직이지 않는다. 처음에 "이렇게 결정했잖아"라고 하더라도 진행 과정에서 끊임없는 갈등과 고민이 생긴다. 생각도 마음도 변하기 마련이다. 대개 초기의 공동체들 활동은 저절로 생겨나기 쉽다. 이러한 자연 발생적인 공동체들은 경험이 적기 때문에 이렇게도 해보고 저렇게도 해보고 다양한 시행착오를 거친다. 중장기 계획으로 잘 설계된 조직에 비해 이런 공동체들의 모습은 즉흥적이고 무계획적으로 보일 수도 있다. 지원을 받으면 성과에 대한 부담도 커진다. 하지만 실패하더라도 긍정적인 경험을 쌓을 기회가 필요하다. 즐거운 경험으로 이야기할 수 있어야 한다. 그 안에서 우리가 행복하고 부담할 수 있는 적절한 정도를 끊임없이 이야기하며 찾아가게 된다. 마을도 중간지원조직 활동가도 행정기관도 실패를 여유롭게 지켜볼 줄 알아야 한다. 실패는 지워버리고 성과만 기억한다면 진정한 공동체를 세우는 것은 요원한 일이 된다.

실패하더라도
긍정적인 경험을 쌓을 기회가 필요하다.
마을도 중간지원조직 활동가도 행정기관도
실패를
여유롭게 지켜볼 줄 알아야 한다.
실패는 지워버리고 성과만 기억한다면
진정한 의미의 공동체를 세우는 것은 요원한 일이 된다.

6

마을 사이의 연대

여느 농촌처럼 두부, 된장, 간장 등 전통적인 먹거리 사업을 하는 공동체들이 많다. 두부를 생산하는 한 마을에서 다른 마을의 두부와 차이를 강조하며 우리 두부가 더 맛있다고 주장한다. 먹는 사람 입장에서는 다 맛있는 것 같다. 다른 예로 한 번은 건축 관련 공동체 두 팀을 따로 만났다. 모두 협력이 필요하다며 이런저런 말씀을 하셨다. 그런데 막상 함께 한 자리에서는 묘한 긴장감 같은 것이 느껴졌다. 우리는 행정기관에서 의뢰할 귀농·귀촌의 집 건축 사업을 두 팀이 함께 해 보시면 어떻겠냐고 제안했다. 그 자리에서는 두 팀 모두 좋은 기회라고 말했다. 그리고 돌아가서 두 팀 모두 이런저런 이유로 참여하기 어렵겠다는 답이 돌아왔다. 현실적인 예산 문제나 인력을 조율하는 문제 등의 어려움 때문이라고 에둘러 말씀하셨다. 제과제빵을 하는 사업단도 역시 공

동 매장을 운영해 보기도 하고 공동 시식회를 운영해 보기도 했지만 세 팀 사이에 묘한 경쟁적인 분위기가 감돌았다. 구체적인 내막은 알 길이 없지만 보이지 않는 공동체 간의 갈등이 있었다.

  유사한 사업을 하는 공동체들이 늘어나면서 우리는 자연스럽게 협력이 일어날 수 있을 것이라고 생각했다. 그 협력을 통해서 더 경쟁력을 높일 수 있다면 각자에게도 도움이 될 것이라고 믿었다. 선한 경쟁력 말이다. 그러나 반대로 공동체와 마을 사이에 알 수 없는 경쟁심이 보인다. 공모지원 사업을 하면 경쟁이 더 심해진다. 정해진 예산을 누가 더 많이 가져올 수 있느냐의 문제 때문이다.

마을사업을 지리적으로 묶어서 서로 시너지를 낼 수 있도록 기획된 권역별사업15) 역시 그렇다. 지역만 권역으로 묶었을 뿐 각자 마을에서 하고 싶은 것들을 묶어 놓은 따로국밥 식을 벗어나지 못한다. 몇 개 성공한 마을을 중심으로 사업을 진행하고, 공동체 사업의 경험이 없는 마을은 배제되는 등 함께 상생하는 지역을 만들자는 취지는 온데간데없이 경쟁하고 시기하는 관계만 은연중 배태된다. 다양한 공모사업을 통하여 마을 간 줄 세우기만 심화시키는 모양새가 되었다. 계획서를 잘 만들고 성공한 마을들만 계속 지원받는 부익부 빈익빈 현상은 오히려 마을을 파괴한다고 말할 수도 있다.

성공한 마을이 새로 시작하는 마을을 제외하고, 마을 원주민이 귀농·귀촌인을 경계하고 경쟁의 대상으로 본다면 이 한 줌밖에 되지 않는 농촌에서 우리가 할 수 있는 것은 무엇일까? 우리는 어떤 미래를 꿈꿀 수 있을까? 개별 마을이 자기 마을만 잘 살아서는 아무런 도움이 되지 않는다. 경쟁이라는 놈은 결국 가진 것이 없고 정보에 늦고 약한 사람들을 배제하게 되어있다. 로컬푸드 직

---

15) 권역별 사업의 좋은 사례가 있다. 충북 옥천 안남면은 '농촌마을 종합개발 사업'이라는 권역 사업을 공모하기 전부터 안남면 전체로 고민했고 권역 사업으로 선정됐지만 권역에 포함되지 않은 마을들도 참여시켜서 면 전체 사업으로 진행했다. (황민호, 농촌 공모사업에 대한 고찰, 한겨레신문, 2017.07.12.)

매장이 활성화되면서 여러 농산물과 가공 상품을 내놓을 수 있게 되었다. 마을공동체 상품과 개인 상품의 구별이 사라졌다. 그러면서 번거롭고 귀찮은 공동체보다는 개인으로 상품을 내놓는 사례들이 늘기 시작했다. 특히 젊은 사람들이 공동체를 통해 뭔가 도전해 보려던 노력은 상당히 줄어들고 있다. 행정기관은 공동체 마을이 생산한 상품에 차별성을 두기 위한 방책이 없을까를 고민할 정도다. 행정기관과 중간지원조직은 마을들이 협력하여 지역의 살림살이를 함께 돌보며 함께 성장할 수 있도록 도와야 한다.

　마을 주민들 개개인이 행복하고 자유로움을 누리는 속에서라야 비로소 우리 마을만이 아니라 다른 마을 사람들도 행복할 수 있기를 진심으로 바랄 수 있을 것이다. 농업 농촌을 살려야 한다는 거창한 대의와 명분이 아니라 마을 주민 한 사람 한 사람이 행복하고 풍요로워지기 위해서 서로 존중하고 협력할 수 있길 진심으로 바란다.

성공한 마을이
새로 시작하는 마을을 제외하고,
경쟁의 대상으로 본다면
이 작은 농촌에서 우리가 할 수 있는 것은 무엇일까?
우리는 어떤 미래를 꿈꿀 수 있을까?
자기 마을만 잘 살아서는 아무런 도움이 되지 않는다.
마을 사이의 연대가 필요한 이유가 여기에 있다.

6장

새로 배우는 공동체

1

숟가락 ① : 몸으로 배우는 공동체

"초록 이모, 잣나무 삼촌~~ 이것 보세요."

우리 제하는 이모도 많고 삼촌도 많다. 요즘은 이모나 삼촌이 기껏해야 한두 명인데, 숟가락 회원이 열한 가족이니 제하에게는 이모와 삼촌이 스물두 명이나 된다. 4년 차인 "숟가락 공동육아" 모임은 내가 겪은 첫 공동체다.

"숟가락" 아이들은 넓은 운동장에서 하루 종일 뛰어논다. 밥 당번 엄마가 밥을 차려 주고, 놀이 당번 엄마와 하늘아이 선생님이 아이들과 함께 뛰어논다. 텃밭에서 자란 토마토를 따 먹고, 감자를 캐 삶아 먹기도 한다. 추석에는 송편을 만들어 주변에 나누기도 한다. 앞 동네에 마실을 가면 할머니들은 친손주처럼 반기신다. 사탕이며 과일들도 챙겨서 내주신다. 숟가락이 쉬는 날이면 친구 집에 가서 하루 놀다 오기도 하고 급한 사정이 생기면 아이를 맡기기도 한다. 그렇게 함께 아이를 키운다.

과로가 일상화된 서울을 떠나 완주에서 아이를 얻었다. 아이를 품고부터 막연하게 공동육아를 꿈꿨다. 비슷한 시기에 아이를 낳은 동료들과 육아 모임을 시작했다. '우리 사무실 직원들과 옆 사무실 사람들을 모아 직장어린이집을 만들어 볼까?' '부모 협동형 어린이집을 만들까?' 머리로만 꿍꿍이를 했다. 몇 번 사람들을 만나다 출산 휴가 전에 할 일도 많은데 번거롭다 싶어서 흐지부지 끝냈다.

그런데 아이를 낳고 나니 현실감이 달랐다. 아이를 함께 키울 수 있는 환경이 너무 간절했다. 집 근처에 어린이집이 하나 있긴

했지만 시골에 있다 뿐이지 전혀 시골스럽지 않았다. 그전에는 진지하게 생각해 보지 않았던 마을의 미래와 친구 하나 없이 자랄 아이의 미래가 겹쳐졌다. 전주 인근의 도시권역을 제외하고는 인구가 정체돼 있거나 줄고 있다. 우리 마을도 그렇다. 80가구가 넘지만 아이가 있는 집은 우리 집 하나였다. 천 기저귀를 빨아 널어놓으면 동네 할머니들이 우리 집 앞을 지나시다 한참을 멈춰서 계셨다. 바람에 펄럭이는 기저귀에 아련한 향수를 느끼시는 모양이었다. 완주는 전주 인근에 자리하고 있는 데다 2010년 이후 로컬 푸드와 지역 공동체 복원 사업으로 인구가 늘고 있는 데도 사정이 그랬다.

'일단 관심 있는 사람을 모아 보자' 싶어서 2014년 8월 '공동육아' 특강을 기획했다. 모인 사람들 대다수가 돌 지난 아이 엄마였다. 대부분이 아이들을 데리고 근교 도시의 문화센터나 도서관을 다니고 있었다. 관심이 있어서 왔지만 막상 강의를 들어보니 공동육아를 하려면 출자금은 기본이 몇 백만 원이고 준비하는 과정도 만만치 않아 보였다. 조금 부담스러워하는 듯했지만 이렇게라도 처지가 비슷하고 관심이 비슷한 이들을 만난 것이 반가운 눈치였다.

특강 후 번개 모임으로 첫 소풍을 갔다. 파란 잔디밭에서 노는 아이들의 자유로움과 독박 육아로 혼자 끙끙대던 엄마들의 해방감과 설렘을 잊을 수 없다. 그 뒤 우리는 격주로 만나 소풍을 갔다. 함께 도서관 프로그램에도 참여하고 하루 더 만나 숲에도 갔다. 심심해지면 누군가의 집을 돌며 같이 놀았다. 그해 연말 우리는 내 아이 돌보느라 기여하지 못하고 있는 마음에 "숟가락만 하나 더 얹어놓은 것 같아 미안하고 고맙다"는 말을 달고 살았다. 그때부터 우리 이름은 "숟가락"이 되었다.

그동안 나의 고민은 함께 할 사람에 대한 것이라기보다 대안이 될 만한 프로그램을 기획하는 것에 머물러 있었다. 하지만 이들을 만나고 보니 옆에서 같이 해보자고 등 두드려 주는 친구, 하루

하루를 같이 지내며 계속 만날 수 있는 사람에 대한 간절함이 더 컸던 것 같았다. 미리 기획된 모임이 아니었지만, 사람이 모이니 자연스럽게 필요에 따라 뭔가가 하나씩 만들어지기 시작했다. 그간 머리로만 살아온 내게 낯선 경험이었다. 몸으로 체득되는 현실적인 첫 경험이었다.

이들을 만나고 보니
옆에서 같이 해보자고 등 두드려 주는 친구,
하루하루를 같이 지내며 계속 만날 수 있는 사람에 대한
간절함이 더 컸던 것 같았다.
미리 기획된 모임이 아니었지만, 사람이 모이니
자연스럽게 필요에 따라 뭔가가 하나씩 만들어지기 시작했다.
그간 머리로만 살아온 내게 낯선 경험이었다.
몸으로 체득되는 현실적인 첫 경험이었다.

2

숟가락 ② : 행복하려고 모였다

지역마다 마을공동체를 지원한다. 한 자치단체에서 멘토가 되어 달라는 연락이 왔다. "교육"을 주제로 한 공동체들을 만났다. 정신 질환을 가진 가족들의 아픔을 이야기하며 눈물을 보이기도 했고, 동네 엄마들이 서로 도우면서 아이를 키우고 싶다고도 했다. 숲과 멀어진 아이들의 치유를 위해 어르신이 나서기도 했다. 달걀 알레르기가 있는 아이를 위한 요리를 하다가 교육에 나선 엄마들도 있었다.

저마다 각자의 이유로 공동체를 만들어 보겠다고 했다. 나뿐 아니라 참여한 많은 사람들이 위로받고 공감하는 시간이었다. 각자 가진 고민과 어려움을 위로받고 손쉽게 해결할 수 있었다면, 그런 상상만으로도 행복했더라면 여기까지 나서지 않았을 평범한 사람들이었다. 나도, '숟가락'에 참여하는 부모들도 모두 마찬

가지다.

'숟가락'도 위로받고 공감받고 싶은 소박한 마음으로 시작되었다. 그러나 이러저러한 변수들 때문에 미리 계획하고 약속한 것은 틀어지기 일쑤였다. 챙기고 뒷마무리를 하는 사람들은 늘 정해져 있었다. 약속을 지키는 사람들, 나서서 일하는 사람들이 오히려 지쳐갔다. 다들 애를 썼지만, 해결점은 좀처럼 보이지 않았다. 문제는 점점 쌓여 갔고, 둘째가 생긴 엄마들의 참여가 힘들어지면서 모두들 기운이 빠졌다. 소박한 소망이 밟히고 있었다.

우리는 사람들이 모이기만 하면 금방 한마음 한뜻이 될 줄 알았다. 자연에서 아이들이 맘껏 놀고, 부모와 아이가 친구가 되기

를 바라는 마음이 모두 똑같을 줄 알았다. 그러나 각자 성향이 다르고 '공동육아'에 대해 기대하는 바나 그리는 그림이 다르다는 것을 점차 조금씩 깨달아갔다.

"그럼에도 불구하고"를 되뇌며 쉽사리 이곳을 나가지 못하는 이유는 초기에 느꼈던 소박한 마음 때문이다. 독박 육아의 고됨과 외로움 때문에 서로를 만나는 것만으로도 숨통이 트였고, 갑자기 아이를 부탁할 곳이 있어 안심이 되었고, 말 걸어주는 친구가 생겨 즐거웠다. 해결점 가까이에 가지는 못했지만 '미안하고 고마운 마음'을 대충 상처에 바르고 다시 문제가 수북한 '숟가락' 속으로 들어갔다. 이름처럼 모두들 "숟가락 하나 얹어 놓은 것 같아 미안하고 고마운 마음." 그 정도가 서로 확인할 수 있는 전부였다.

공동체는 살아있는 생명체와 같다. 변화무쌍하며 살았다 죽었다를 반복한다. 그 사실을 이해하지 못하면 공동체를 당위로 여겨 '열정'과 '희생'이란 미덕을 내세우며 개인을 갉아 먹는다. 다른 한편으로는 내 필요를 해결하는 곳이라 생각하고 언제든지 수가 뒤틀리면 잡았던 손을 놓아 버린다.

나는 숟가락 육아 공동체 안에서 우리와 함께 하는 사람들이 행복하기를 바란다. 행복하지 않다면 과감하게 공동체 안에서 만든 약속이나 규칙, 틀을 바꾸면 될 일이다. 틀에 맞추느라 사람을 잃는 일이 없기를 바란다. 순가락 엄마들의 질문이 달라졌다. "이 공동체를 어떻게 잘 유지할 것인가?"가 아니라 "여기에 있든 유치원에 가든 아이들이, 그리고 엄마들이 계속 친구로 남을 수 있는 방법이 없을까?"로. 무엇이 중요한지 조금씩 알아가고 있다.

공동체는 살아있는 생명체와 같다.

변화무쌍하며

살았다 죽었다를 반복한다.

그 사실을 이해하지 못하면 공동체를 당위로 여겨

'열정'과 '희생'이란 미덕을 내세우며

개인을 갉아 먹는다.

다른 한편으로는,

내 필요를 해결하는 곳이라 생각하고

언제든지 수가 뒤틀리면 잡았던 손을 놓아 버린다.

3

숟가락 ③ : 공동체 유지 비결

처음에는 4살까지만 하자고 했다. 다섯 살에는 모두 한 유치원에 보내자고 말해왔다. 초기부터 동고동락했던, 특히 2015년 초 그 혹독한 겨울을 같이 넘긴 네 가족의 마음은 그랬다. 그런데 예기치 않게 친구들이 늘었고, 너무나 좋은 하늘아이 선생님을 만났다. 그렇게 혹독했던 겨울을 지내고 드디어 봄을 맞았고, 여름이 되면서 동지가 되었다.

다음 해를 기약할 수 없었기에 서로 "내년에 유치원 갈 거야?"라고 묻지 않았다. 차마 묻지 못했다. 배신처럼 여겨졌지만, 이 힘든 품앗이를 떠나는 엄마를 잡을 용기는 없었다. 엄마가 자기 아이를 돌보는 것이 대단하고 유난한 일이 되어 버린 세상에서 비용과 품을 들이는 힘든 쪽에 남으라고 말하기가 미안했다.

언제든 유치원에 가겠다는 엄마들을 웃으며 보내 주자고 마음을 다잡았다. 그즈음 대부분의 엄마들 마음도 그랬다. 떠나는 이들에게 원망은커녕 아쉬워하며 "또 놀러 와. 언제든 놀러 와. 미안해 말고 꼭 놀러 와!"라고 했다. "내년에 유치원에 갈 거야?"가 아니라 "여기에 있든 유치원에 가든 아이들이, 그리고 엄마들이 계속 친구로 남을 수 있는 방법이 없을까?"가 고민이 되었다.

우리는 아이들 모두에게 이모가 되었고 삼촌이 되었다. 갑자기 어느 집에 일이 생기면 먼저 아이를 봐주겠다고 나서는 사이가 되었다. 힘든 일이 생기면 서슴없이 나서게 되었고, 서로의 가정사를 알게 되면서 더 깊이 이해하고 위로할 수 있는 사이가 되었다. 그렇다고 갈등과 문제가 사라진 건 물론 아니다.

어느 날 한 엄마가 조심스럽고 진지하게 말을 건넸다.
"내년에 유치원 갈 거야? 딱 1년만 더 해보자."
"그럴까? 나도 그러고 싶은데."
반갑게 대답했다.
다른 엄마들에게도 조심스럽게 물어보았다. 4세 아이 엄마 여섯 명이 남겠다고 했다. 그렇게 마음이 움직였다.

딱 1년을 더 해보자는 마음을 모아 떠난 지리산 여행에서 서로의 이야기를 들으며 울고 웃었다. 힘들었던 시간들이 가고 언제 그랬었나 싶게 다 잊는 시간이 올 줄 몰랐다. 지극히 개인적인 필요에서 사람들이 모이고 이렇게 함께 어려움을 해결해 나갈 줄 몰랐다. 좋은 어린이집과 좋은 선생님만 모시면 좋겠다던 이들이 스스로 아이들과 함께 성장하게 될 줄 몰랐다.
아이들 덕분에 좋은 인연을 만나 조금씩 성장하고 있다. 아이의 성장은 부모의 성장 위에 덤으로 얻어지는 것이란 걸 알게 되었다. 하늘아이 선생님이 늘 하시는, 아이보다 부모 공동체가 더 중요하다는 말씀, 놀이 전문가 편해문 선생님의 말처럼 부모의 '균형과 안정'이 우선해야 한다는 이야기가 이제야 절절하게 공감이 된다. 부모가 타인과 함께 할 줄 아는 건강한 사람이 될 때 비로소 아이들이 그런 부모를 보고 성장할 수 있다는 것을 말이다.

체계와 원칙, 목표와 내용은 부모들이 공동체 안에서 서로 미안해하고 고마워하는 가운데 저절로 만들어진다는 것을 말이다.

아이의 성장은

부모의 성장 위에

덤으로 얻어지는 것이다.

부모가 타인과 함께 할 줄 아는

건강한 사람이 될 때

비로소 아이들이 그런 부모를 보고 성장할 수 있다.

4

숟가락 ④ : 끝없는 형평성의 딜레마

"인원이 늘었는데 불공평한 당번 횟수와 특정한 사람에게 과하게 치중된 역할 분담 때문에 점점 힘들어져요."

모든 사람이 똑같이 일을 나누고, 함께 일을 하게 될 것이라는 생각은 이상에 불과하다. 현실은 불공평하다. 그 불공평한 현실 때문에 가끔 억울하기까지 하다. 일을 많이 하고 열정적인 사람일수록 이 관계가 불편해진다. 약속과 역할 분담을 기억하는 사람이 더 힘들다.

올해 공동체 구성원 중 한 집이 가게를 차렸다. 빚을 내 시작하기도 했고 아직 자리도 잡지 못한 터라 부부는 숟가락을 빠질까 말까 심각하게 고민했다. 회원들의 배려로 남게 되었지만, 여전히 부부는 공동체 일에 많은 부분 참여하지 못한다. 그 집은 그

집대로 미안하고 고맙고 그렇지 않은 집은 이해가 되다가도 속상하다.

"형평성의 문제를 얘기하면 그 집은 숟가락을 계속할지 말지를 고민하게 돼요. 결국 '숟가락'을 떠나는 그런 일은 없도록 최대한 배려해야 해요. 그 아이들이 다 우리 아이들이잖아요?"

구성원 중 누군가가 떠나는 일은 없어야 한다는 것이 가장 큰 원칙이 되어야 한다는 생각이다. 다들 그렇게 생각했다. 그렇게 속상한 감정을 걷어냈다.

"형평성을 생각하다 보면 더 힘 빠지고 힘들어지는 것 같습니다. 가족 중에도 아픈 사람이 있으면 그 사람 몫으로 다른 가족들이 좀 더 애써주고 노력하는 게 당연합니다. 그런 몇몇 분들의 희생과 노력이 없다면 애초부터 공동체는 유지되기 어려운 거죠."

맞다. 가끔 억울하기도 하지만 우리가 기대하는 건 '숟가락'의 번창과 성공이 아니기 때문에 감수한다. 이런 이야기를 솔직하게 털어놓고 서로 의견을 나누지 않는다면 형평성과 관련된 불만은 언제, 어떻게 터질지 모르는 폭탄으로 남아 있게 된다.

서로 속내를 이야기했다. 여러 가지 의견이 나왔다. 사람들이 공감할 수 있는 수준의 보상을 찾자고 했다. 참여하지 못하는 횟수를 돈으로 보상하거나 시간이 될 때 청소를 한다거나 등의 의견이 나오기 시작했다. 중요한 건 이 문제를 두고 의견을 주고받는 과정이다. 구성원 모두 능력도 다르고 경험도 다르다. 가정 형편도 다르다. 따져보면 다 다르다. 서로 다른 사람들이 다른 사람의 능력과 상황과 비교하지 않고 스스로가 잘 할 수 있는 능력과 정도에서 서로를 돌보는 것이 최선이다. '모두가 똑같이'가 아니라 '내가 할 수 있는 만큼'이다. 구성원들 사이에 능력과 상황 차가 있기 때문에 '너도 나처럼'을 요구하지 않고 각자가 각자의 능력과 상황만큼 채우는 것이다. 경험이 많아 자꾸 앞서게 되는 나는 잠깐 멈추고 '비슷한 수준에서 골고루, 적당히'를 찾아야 한다. 빠르고 효율적으로 일하는 데 익숙한 사람들이 답답하더라도 가장 느리고 따라오지 못하는 사람의 속도에 맞춰야 한다.

한 엄마가 몸이 아파 한 달간 휴가를 달라는 말에 다른 엄마가 불쑥 자기가 돕겠다며 당번을 바꾸었다. 갑작스러운 상황에도 모두들 흔쾌히 믿고 도울 수 있는 분위기는 언젠가 받았던 도움 때문에 미안하고 고마웠던 마음과 경험 때문에 가능해진다. 누군가를 도왔던 것처럼 언젠가 나도 누군가의 도움을 받을 수 있을 것이라는 안정감과 평화로움은 내가 조금 더 일하는 그 순간 시작된다.

구성원 모두 능력도 다르고 경험도 다르다.
스스로가 잘 할 수 있는 능력과 정도에서
서로를 돌보는 것이 최선이다.
'모두가 똑같이'가 아니라 '내가 할 수 있는 만큼'이다.
구성원들 사이에 능력과 상황 차가 있기 때문에
'너도 나처럼'을 요구하지 않고
각자가 각자의 능력과 상황만큼 채우는 것이다.
누군가를 도왔던 것처럼
언젠가 나도
누군가의 도움을 받을 수 있을 것이라는
안정감과 평화로움은
내가 조금 더 일하는 그 순간 시작된다.

5

고산향 : 지원금보다 사람, 사업보다 공론의 장

얼마 전 고산고등학교 교장 공모제 심사위원으로 참석한 적이 있다. 지역에서 공동육아를 하는 예비 학부모라는 이유로 추천된 것 같다. 심사는 아침부터 저녁 늦게까지 이어졌고, 좋은 분이 추천되었다. 고산고등학교는 지역의 애물단지 학교였다. 지역의 아이들이 줄고, 아이들이 있다고 하더라도 전주로 진학하는 것이 일반적이라 전주로 갈 형편이 안 되거나 전주에 있는 학교에 다닐 수 없는 학생들이 가는 곳으로 여겨졌다. 그런 학교가 '2018년 공립형 대안학교'로 전환을 준비하며 그에 맞는 교장 선생님을 모시기 위해 공모제를 한

것이었다. 운영위원장님께서는 자기 아이는 지금 2학년이라 이 혜택을 받을 수 없지만 이번 교장 공모는 고산고등학교의 사활이 걸린 문제라며 심사를 잘 해달라고 하셨다. 이분처럼 지역 교육에 애정을 가진 분들이 한둘이 아니다.

2011년 "고산향 교육 공동체"라는 이름으로 인근 5개 학교의 교사와 학부모, 지역 주민들이 초, 중, 고 12년의 학교 교육과 지역 교육을 고민하기 위해 모였다. 이 공동체에서는 지역 교육의 성장을 위한 인문학 강좌도 열고 생태 및 역사기행 사업도 추진하고 학생들과 함께 지역 신문도 만들어 발행하고 있다. 2011년 학부모 몇 명과 지역 청년이 빵을 팔아 생긴 수익금으로 고산고 학생들을 대상으로 멘토링을 시작한 '이웃린'도 있고 '완주군 장기발전계획수립'이라는 정책을 활용해 고산면 주민들이 교육 공동체를 구성하기도 하였다.

이러한 노력의 결실로 중학생이 되면 전주로 내보내던 아이들을 지역의 중학교로 보내기 시작했다. 중학교까지는 고산에서 보낸다는 상식을 만든 것이다. 지역의 아이들이 지역에서 나고 자라고 배우고 지역에서 삶터를 꾸릴 수 있도록 하자는 취지의 "로컬에듀"라는 완주군 정책이 생겨난 것도 우연이라고 보기 어렵다. 이 정책을 통하여 학교가 문을 열고 교사와 교장이 마음을 움

직여 학교와 지역 사회가 서로 신뢰하는 파트너가 되었다.

지난해 초 초, 중, 고 교사들끼리 교류 행사를 했다며 자랑하는 이야기를 들었다. "서로 비난하지 않고 각자의 역할에 최선을 다하는 것이 중요하다고 생각한다"는 말을 하는 분이 계셨는데, 그 말을 들으니 그들이 그동안 서로 마음을 열기 위해 얼마나 조심스럽게 노력했을지 눈에 선했다. 작은 활동들을 시작으로 시행착오를 거쳐 지금은 자발적으로 만나게 되면서 새로운 일들이 벌어지고 있다. 최근에 동네 주민들이 참여한 방과 후 지원조직 "고산풀뿌리교육지원센터"가 만들어졌고, 버려진 농협창고를 개조해 고산청소년센터 "고래"가 문을 열었다. 아직도 갈등은 있지만 지역 사회가 뒤에서 든든하게 갈등을 조정해 줄 수 있다면 지금까지의 고산향의 역사가 잘 유지될 수 있을 것이다.

  지난해 아름다운 재단, 사회적 기업 진흥원과 함께 지역에 맞는 자유학기제-진로 탐색 수업을 하게 된 것도 이런 기반이 있었기 때문에 가능한 일이다. 고산에는 교육에 대해 함께 이야기할 장이 있어 좋다. 고산향 교육공동체의 느린 걸음, 긴 호흡을 통해 배운다. '사업'이 아니라 '사람'에 주목해야 한다는 것을. '돈'보다 '사람'이, '사업'보다 '함께 이야기할 장'이 우선해야 한다는 것을 본다.

고산향 교육공동체의 느린 걸음,
긴 호흡을 통해 배운다.
'사업'이 아니라 '사람'에 주목해야 한다는 것을.
'돈'보다 '사람'이,
'사업'보다 '함께 이야기할 장'이
우선해야 한다는 것을.

6

딸기축제 : 다시, 왜 공동체인가

공동체는 치열한 경쟁 사회의 대안처럼, 피난처처럼 여겨졌다. 중간지원조직 실무자로 있을 때 "이 좋은 걸 왜 안 하지? 왜 못하지?" 했었다. 그런데 참 어렵다. 우선 돈이 안 된다. 처음에 대부분이 그렇다. 그러니 다른 곳에서 돈을 벌어야 한다. 별도의 생업을 가지고 참여하는 사람들의 경우 공동체 활동이 바빠지면 배우자에게 잔소리를 듣기 일쑤다.

조금이나마 생활에 여유가 있으신 분들이 마을 리더로 활동하시는데 한 분이 여러 개의 직책을 맡아서 불려 다니는 곳이 많다. 교류회, 봉사, 각종 회의, 행사 등 그분들 스케줄을 듣고는 깜짝 놀랐다. 그분들도 일하는 사람만 한다며 어디를 가나 늘 보던 사람만 보인다고 하신다. 이분들처럼 소명이나 업으로 직책을 맡은 분들이 아닌 이상 다들 생업을 꾸려 나가기도 바쁘다. 바쁜 중에

겨우 마음을 내어 참여했는데 간혹 제 밥벌이도 못하며 "웬 오지랖"이냐며 핀잔이라도 들을라치면 기운이 빠지고 의욕도 없어진다. 괜히 했나 싶은 마음에 주눅도 든다. 마을사업이라며 해 보라고 하는데 좀처럼 동기 부여가 안 된다. 바빠 죽겠는데 왜 그 일을 해야 하는지 의문이 들고 불만스럽다.

작년 봄 우리 마을에서 첫 "딸기축제"를 했다. 이장님은 전라북도에서 지원한 사업이라 부담스러우셨던 것 같다. 게다가 농번기라 더 그랬다. 중간지원조직에서 일하는 우리 마을 담당자는 더 고민이 많았고 이장님보다 더 애를 썼다. 리플릿(leaflet) 사진이며 문구, 행사 기념품, 프로그램, 예산 집행에 이르기까지 세심하게 신경을 썼다. 이장님은 축제라기보다 마을 잔치로 생각했기 때문에 동네 사람들에게 대접할 식사와 내빈으로 초대할 사람들에게 마음을 쓰셨다. 그래서인지 이것저것 행사 업무를 챙기며 찾아오는 담당자를 고마워하면서도 내심 번거로워하는 눈치셨다.

홍보 리플릿을 만들겠다며 사진을 찍자는 말에 이장님은 그런 거 없어도 된다며 바쁜데 무슨 사진이냐며 손사래를 치신다. 사진에 아기가 필요하다고 해서 불려 나간 나도 불편하기는 마찬가지였다. 뭔가 그럴듯하기는 한데 정작 그 과정은 기껍지가 않다.

동원되어 불려 나온 몇 사람만 준비하느라 바쁘다.

나에게 계획서와 서류를 맡아 달라는 개발위원장님의 제안에 손사래를 쳤지만 아무것도 안 할 수는 없어서 행사 홍보물 문안 만드는 일을 맡겠다고 했다. 행사 당일에는 음식을 나르고 설거지만 했다. 부녀회장님과 음식을 전담하는 동네 아주머니 사이 분위기가 좋지 않았다. 전 이장님과 개발위원장님도 그다지 소통이 잘 되는 것 같지 않다. 밖에서는 몰랐을 텐데 설거지만 하는 나에게는 마을의 분위기가 느껴졌다. 공동체의 화합을 제일의 목적으로 하고 있지만 잘 치러야 한다는 부담감에 눌려 행사 준비나 진행에서는 그 목적이 달성되지 않는다. 마음이 모여서 시작된 사업이 아니라 힘겹다.

우리 마을에는 1960~1970년대에 '보리계(契)', '돼지계(契)'가 있었다고 한다. 본래의 목적은 사라지고 친목 모임으로 바뀌었지만, 아직도 모임은 유지되고 있다. 어려울 때 서로 돕자고 시작한 두레였다. 야반도주하게 생긴 집을 돕기 위해 보리 팔고 남은 것을 모아 빚을 갚아주고 돌아가면서 동네 땅을 사고, 상(喪) 중에 대접할 것이 마땅치 않으니 돌아가며 돼지를 잡아 주자는 마음에서 시작된 두레다. 부족한 것, 필요한 것을 동네 안에서 도우면서 해결하고자 했던 마음은 커뮤니티비즈니스 사업과 다를 게 없다. 하지만 지금의 방식은 그때와 아주 다르다. 바로 옆에서 지켜보니 그것이 보인다.

'이 바쁜 어르신들이 공동체 사업을 해야 하는 이유는 무엇일까? 무엇 때문에 이 일을 하실까? 이 일을 통해 무엇을 기대하실까?' 하는 의문이 들었다. 우리 이장님은 행사가 끝나고 다들 한 끼 식사는 잘 하셨냐고 주민들에게 일일이 물으셨을 것이다. 행사 준비에 참여한 사람들에게 맛난 것 사 주신다는 데 나는 딱히 한 것도 없어 마다했다. 지금의 세련된 방식에는 예전의 두레에서 놓치지 않았던 것이 빠져 있는 것 같다. 이 어르신들에게는 세련되고 성과 중심적인 행사와 사업이 어색하다. 이웃을 돌아보는 마음에서 시작된 전통을 가진 이 어르신들에게는 온 동네가 기분 좋게 한 끼 식사를 나누는 게 더 중요한 일이 아니었을까?

먹고살기 바빠도 마음이 있고 필요가 있는 곳에서 품앗이가 시작된다. 그것이 몽땅 빠진 상태에서 '먹고 살 방법'이라고 설득하며 많은 마을공동체 사업이 시작되었다. 마음도, 필요도 모아지지 않은 마을에서 '그저 좋다'는 이름으로 시작된 공동체 사업의 결과는 씁쓸하다. 공동체 사업으로 두 쪽 난 마을도 있다. 주민들에게 돈 되는 일이라며 일종의 일자리, 수익 등을 강조했던 지금까지의 공동체 사업에 대한 접근 방식이 우려스럽다.

먹고살기 바쁘고, 혼자 해결할 수밖에 없는 자본주의 사회에서 그저 좋다고, 해보라고 이야기하는 것이 허무맹랑한 것은 아닌지 다시 물어야 하지 않을까? 혁신과 변화라는 이름으로 "무엇을 어떻게 바꾸어야 할까?"는 고민했지만 "왜 바꾸어야 하는지?"를 묻고 답하는 과정은 너무나 짧았다. 왜 바꾸어야 하는지, 왜 이런 실험을 해야 하는지, 그게 왜 어려운지 고민하고 이해하는 과정을 거쳐야만 지금의 현실과 어려움을 더 잘 이해할 수 있다. 그 과정이 벌써 절반의 변화를 가져오지 않을까?

혁신과 변화라는 이름으로
"무엇을 어떻게 바꾸어야 할까?"는 고민했지만
"왜 바꾸어야 하는지?"를 묻고 답하는 과정은
너무나 짧았다.
왜 바꾸어야 하는지,
왜 이런 실험을 해야 하는지,
그게 왜 어려운지
고민하고 이해하는 과정을 거쳐야만
지금의 현실과 어려움을 더 잘 이해할 수 있다.

7

꽁냥마켓 : 시시한 만남에서 시작된다

백수가 과로사한다고 내가 참여하고 있는 모임이 네댓 개나 된다. 낮에는 숟가락 아이들과 놀고 밤에는 책 읽기 모임, 우쿨렐레 모임, 그림 배우는 모임 등 다양하다. 동네에 문화센터가 없으니 그저 동네에서 소싯적에 좀 해 본 변변치 못한 기술을 함께 나눈다. 그런 모임에서부터 벼농사 모임, 토종 씨앗 모임 등 초보 농사꾼들이 모여 서로 도움을 구하고 받는 모임도 있다. 그 모임들은 대개 몇몇이 술을 먹기도 하고 밥을 먹기도 하면서 시작됐다.

그중 기억에 남는 모임이 있다. 나는 2015년 꽁냥마켓[16]을 돕기로 해서 매주 토요일 삼례로 갔다. 사실 딱히 할 일도 없고 아이를 데리고 마실 삼아 다니기 시작했다. 귀농·귀촌한 젊은 예

---

16) 삼례 '씨앗예술협동조합' 주관으로 삼례역 근처에서 여는 작은 장터였다. 지금은 고산에서 '이야기 장터'라는 이름으로 열리고 있다.

술가들과 청년들이 모여 자신이 만든 음식, 수공예품, 농산물 등을 판매하는 자리였다. 손님이 별로 없었다. 우리는 우리끼리 재밌어서 놀듯이 만났다. 우리끼리 서로 사주고 팔아주는 장터였다. 이렇게 손님이 없어서야 되겠냐며 진지한 상반기 평가도 했고, 서로 좀 더 잘 알아야 우리가 더 잘 뭉칠 수 있지 않겠냐며 서로의 스토리를 꺼내 놓기도 했다. 서로 만나는 것이 즐겁고 행복해서 매주 밥을 먹고 서로의 재능을 나눴다. 그냥 좋아서 만났다. 확실한 목표와 목적 아래 지속하는 만남이 있다. 내 경험상 그런 경우 목적이 사라지면 가차 없이 관계가 소원해진다. 모임이 지속되기 위해서는 나의 이해와는 무관한 뭔가가 필요하다. 그게 바로 '그냥 좋아서'가 아닐까 싶다.

언젠가 충청남도 사회적 경제 센터에서 지역의 회원들을 대상으로 오페라단을 모집한다는 공고를 본 적이 있다. 자기의 이해를 내려놓고 만나는 관계에서 자연스럽게 새로운 것을 만들어 낸다. 거창하게 꼭 연대와 협력이라고 이름 붙이지 않아도 말이다.

우리 숟가락 공동육아 모임이 시작될 때 우리에게 도움을 준 선배 공동체가 있었다. 우리 지역은 아니었지만 서로 비슷한 활동을 하고 있어서 가깝게 느껴졌다. 그런데 그 공동체가 얼마 전에 문을 닫았다. 카페를 운영하면서 새로운 회원들을 받게 되었고 그 회원들과의 관계가 서비스를 제공하는 사람과 소비자의 관계가 되면서 이전 공동체의 관계처럼 유대감을 쌓을 수 없었다고 한다. 이용객처럼 불만을 털어놓으니 주도하는 입장에서는 힘 빠지고 함께 할 수 없는 관계가 되어 버렸다고 한다.

공동체를 위해서는 유치하게 자기 바람과 속내를 드러낼 수 있는 시시한 모임들이 많아져야 한다. 서로가 서로의 꼴을 봐 줄 수 있는 그런 사소하고 시시한 모임들이 켜켜이 쌓여 공동체가 시작된다. 오늘도 나는 완주에 수많은 변변치 못한 동아리와 동네 모임이 건재함에 감사한다.

확실한 목표와 목적 아래 지속하는 만남이 있다.
내 경험상 그런 경우 목적이 사라지면
가차 없이 관계가 소원해진다.
모임이 지속되기 위해서는
나의 이해와는 무관한 뭔가가 필요하다.
그게 바로 '그냥 좋아서'가 아닐까 싶다.

8

완두콩 : 그곳에 돈이 굴러들어온다

"돈도 안 되는 신문을 매월 내시겠다고요?"

마을 사람들의 사소한 이야기를 담는 '완두콩' 대표님에게 놀란 내가 말했다. 2011년 창업공동체로 선정되어 네 번의 신문 제작비를 지원했다. 그다음 해에 수익 모델이 없이는 연속해 지원할 수 없다는 의견을 전했다. 그런데도 매월 내겠다는 계획서를 제출했다. 그리고 수익은 차차 만들어가겠다는 그 어눌한 말에 나는 알 수 없는 신뢰를 느꼈다. 2017년 현재 연 매출 수억 원에, 상근 2명 비상근 6명이 일하고 있다. 정말 놀라운 일이다. 믿기지 않는다.

우직하게 매월 신문을 만들고 보지도 않는 사람들에게 배달했다. 일반 신문보다는 좀 작은 크기에, 일반 신문과는 달리 전면에 마을의 사진이 담겨 있다. 그렇게 한 호 한 호 내기 시작해서 현재 60호까지 제작했다. 조금씩 독자가 늘어나면서 유료 독자가 삼백여 명까지 되었다.

'완두콩'은 완주 주민들의 이야기를 모아 「완주 사람들」이라는 책을 냈고 한글을 배우는 할머니들이 직접 손글씨로 쓴 글을 모아 「할미그라피」라는 책도 냈다. 작년 화산 상호마을 어르신들의 생애 구술을 기록한 책도 만들었다. 작은 신문에서 시작한 "미디어협동조합 완두콩"은 계속 새로운 시도를 하고 있다. 게다가 지역에 내려온 젊은 청년들의 비빌 언덕이기도 하다. 참신한 눈으로 지역의 이야기를 취재하고 글을 쓸 수 있다는 점에서 젊은 친구들이 내려와 도전해 볼 수 있는 좋은 일자리를 제공한다. 작년과 올해 도시에서 내려온 세 명의 젊은 친구들은 벌써 '완두콩'에서 한몫을 거뜬히 해내고 있다. '완두콩'에서 활동하는 분들은 주로 지역 신문기자 출신들이다. 그들이 자기 재능으로 지역의 사소한 이야기를 담는다는 것이 시시해 보이기도 했다. 굵직굵직한 지역의 이슈를 담아내도 모자란다고 생각했을 테지만 지역에서 주목하지 못하는 주민들의 일상을 '완두콩'은 보석으로 만들어 내고 있다.

이런 꾸준한 작업이 주목을 받으면서 각종 홍보물, 기록물 등을 '완두콩'에 요청하는 곳이 늘었다. 특히 완주군청은 알진 주요 고객이다. '완두콩'이 작업하게 되면서 이전의 큰 사진 아래 글자 몇 개가 전부였던 자료들이 질적으로 신선해졌다. '완두콩'은 지역의 학생들에게 기자 교육을 하며 함께 신문을 만드는 일도 한다. 돈이 안 되는 신문을 만드는 일이 이런 일로 이어질 거라는 기대는 아무도 하지 못했다. 하지만 그 우직함이 결국 지역 사회에 신뢰를 가져왔고 덩달아 수익으로 연결됐다.

우리는 지속 가능해야 한다며 수익 모델을 가지고 중장기 비전과 계획을 가져야 한다고 이야기했다. 그러나 초기에 마을공동체가 그런 구상을 하기란 어려운 일이다. 컨설팅을 한다고 한들 보완점에 대해 공감이 가지만 그걸 잘 수용해 실행하기도 어렵다. 공익성을 중요한 가치로 여기는 공동체들의 활동은 이런 우직함으로 하나씩 하나씩 신뢰를 쌓아가고 관계를 맺어가는 속에서 자리 잡는다는 것을 그때는 미처 알지 못했다. 사실 수익이 아니더라도 우리끼리의 관계를 통해 비용을 줄인다면 그것 역시 중요한 것이다. 지속 가능하기 위한 방편 중 하나가 수익 창출이었는데 그것이 전부가 되어 버렸다. '돈'보다 '사람'이다.

자본도 정보도 가진 것 없는 공동체들이 살아남는 것은 어려운 일이다. 공동체를 살리려면 긴 호흡으로 이어지는 지지와 응원이 필요하다. 우리가 해야 할 일은 함께 고민하면서 공동체가 버티는 데 조금이라도 힘을 보태는 일이다.

6장 새로 배우는 공동체 193

자본도 정보도 가진 것 없는
공동체들이 살아남는 것은 어려운 일이다.
공동체를 살리려면
긴 호흡으로 이어지는
지지와 응원이 필요하다.
우리가 해야 할 일은 함께 고민하면서
공동체가 버티는 데 조금이라도 힘을 보태는 일이다.

마을이 숨쉰다   ⓒ 이영미 2017

1판 1쇄 발행 2017년 9월 27일

지은이 이영미
펴낸이 김재문

기획 하채현
펴낸곳 도서출판 상상
출판등록 2010년 5월 27일 제321-2010-000116호
주소 (06651) 서울시 서초구 반포대로 14길 71 서초에클라트 1508호
전화 02-588-4589
팩스 02-588-3589
홈페이지 www.sangsang21.com

ISBN 979-11-960641-1-2 03300

◆ 이 책의 판권은 지은이와 도서출판 상상에 있습니다.
  이 책 내용의 일부 또는 전부를 재사용하려면 사전에 양측의 동의를 받아야 합니다.

◆ 이 도서의 국립중앙도서관 출판예정도서목록(CIP)은 서지정보유통지원시스템 홈페이지
  (http://seoji.nl.go.kr)와 국가자료공동목록시스템(http://www.nl.go.kr/kolisnet)에서 이용
  하실 수 있습니다. (CIP제어번호: CIP2017024048)